Die Nacht der schönen Frauen

Die Nacht der schönen Frauen

Geschichten um Schönheit
und Schönheitswahn

herausgegeben von Roswitha Iasevoli
und Ellen Widmaier

edition ebersbach

Die Deutsche Bibliothek – CIP-Einheitsaufnahme

Die **Nacht der schönen Frauen** : Geschichten um Schönheit und Schönheitswahn / hrsg. von Roswitha Iasevoli und Ellen Widmaier. – 1. Aufl. – Dortmund : Ed. Ebersbach, 1997
ISBN 3-931782-08-5

NE: Iasevoli, Roswitha [Hrsg.]

1. Auflage 1997
© edition ebersbach
Bornstraße 68, 44145 Dortmund
Umschlaggestaltung unter Verwendung des Bildes
»Spieglein, Spieglein« (1995) von Andrea Kraft, Dortmund
Satz: Wilfried Niederland, Königstein
Druck & Bindung: Fuldaer Verlagsanstalt, Fulda
Alle Rechte vorbehalten
Printed in Germany

INHALT

As Time goes by 9
Ach 14
Roswitha Iasevoli

Rote Fahne – Rote Lippen 16
Marianne Brentzel

To go where no one has gone before 21
Sabine Brunner

Kathrin, die Kilos und ich
oder
Der französische Liebhaber 27
An eine Freundin 38
Sabine Deitmer

Lassoaugen 40
Die Schönheitsfängerinnen von Sameln . . . 47
Gudrun Güth

Warum ist Barbie blond? 55
Gisela Schalk

Schön wie 60
Gisela Schalk und Sabine Wedemeyer

Hessische Tiraden 63
Aiga Seywald

Belladonna 68
Sabine Wedemeyer

Schöntönerei   75
Gisela Schalk und Sabine Wedemeyer

Warum oben ohne und unten Pumps? 76
Die Nacht der schönen Frauen 86
Ellen Widmaier

Die Autorinnengruppe »Frauen Schreiben« . . 100

Biografien 102

Widerstand statt Oil of Olaz

AS TIME GOES BY

Roswitha Iasevoli

Ingrid Bergman ... war's nicht. Die war zu freundlich, zu rein, zu brav. Kein Vorbild für einen Teenager. Ich war auf der Suche nach der Frau, die ich einmal werden wollte.

Nur nicht wie Mama wollte ich werden, mit ihrer Sauerkrause. Um Himmels willen nicht wie Mama, die einmal im Jahr, kurz vor Weihnachten, für ein neues, langes Lockenjahr ihren Kopf in endlosen Qualen unter die heiße Dauerwellhaube stecken mußte. Mama, die ständig nach Kernseife roch und deren abgearbeitete Fingernägel noch nie auch nur der Hauch eines schimmernden Nagellackes geziert hatte. Nein, niemals wollte ich wie Mama werden.

Es waren Rita Hayworth und Scarlet O' Hara, die mich prägten, alle Wünsche mobilisierten, eine schöne Frau zu werden.

Diese leichte, rote Lockenpracht von Rita, der Duft, der sie umgab, den ich bis in meine dritte Kinoreihe riechen konnte. Ihr großer glänzender, blutroter Mund, den keine Frau in meiner kleinen Stadt vorzeigen konnte. Die schmale Taille und der Superbusen. Solche Brüste waren ein Traum, damals. Die Schönheitschirurgen lebten in Hollywood, nur für wenige erreichbar.

An Scarlet gefielen mir andere Dinge. Sie war aufmüpfig, fiel aus allen Rahmen, schmachtete, kokettierte. Sie log und war berechnend. Nie mangelte es ihr an der zündenden Idee, alles wieder zum Besten zu wenden. Und das grüne Samtkleid aus den alten Vorhängen, das Scarlet trug, war das Ziel meiner Wünsche, ist es vielleicht noch heute.

Eine Mischung aus Rita und Scarlet wollte ich sein.

Ich übte Ritas Lächeln vor dem blinden Spiegel im Flur. Übte ihren Gang, warf die Hüften von einer Seite auf die andere. Stöckelte mit den spitzesten Schuhen, auf den höchsten Absätzen über das Kopfsteinpflaster am Marktplatz.

Der Erfolg ließ nicht auf sich warten. Männerblicke folgten mir.

Und nicht nur Blicke. Schnell lernte ich, daß ein Stöckelschuh die unterschiedlichsten Zwecke erfüllen konnte. Hieb- und stichfest, das hatte ich mir von Scarlet abgeguckt. Wolfgang mußte sogar zum Arzt. Als er mir in den Ausschnitt grabschte, war der Schuh ganz plötzlich in meiner Hand und an seiner Stirn ein glatter blutender Strich. Wolfgang gefiel mir schon, aber … In meinem Ausschnitt waren so einige Dinge, die nur mich etwas angingen. Die Tempotaschentücher zum Beispiel, die ich mir von meinem Taschengeld gekauft hatte. Sie formten meinen Busen so, wie ich ihn haben wollte.

Ja, ich tat in meinem Leben so einiges, um eine schöne Frau zu werden. Ich zupfte alle Härchen aus den Brauen und malte schwarze Balken drauf. Den Eyeliner nutzte ich als Zauberstab: Kulleraugen rund und süß. Mandelaugen vom Südseeparadies. Penatencreme färbte meine Rosenlippen bleich. Das sah echt geil aus. Obwohl man das damals nicht so nannte.

Echt geil? Heute, viele Jahre später, ein müdes Lächeln meiner Tochter für das Herausputzen ihrer Mutter. Sie trägt ihr Haar mal rot, mal grün und manchmal auch kariert. Sie kokettiert mit einer Glatze. Sie lackt die Nägel schwarz und schneidet Löcher in Klamotten.

»Dies ist der Beginn einer wunderbaren Freundschaft ...«, flüsterte er mir ins Ohr und streichelte meine Brüste. Ich lag in seinen Armen und träumte ..., war Rita, öffnete meine großen, feuerroten Lippen und sah ihm tief in die Augen. Ich war Scarlet, senkte meine langen, schwarz geschwungenen Wimpern nicht ganz, als sein herrischer Mund mich küßte. Ach!

Der Beginn dieser wunderbaren Freundschaft endete abrupt: Ich wurde Mutter, Ehefrau und Hausfrau. Jetzt gab ich mein Geld für Ata und Vim, für Alete und Schmelzflocken aus.

Meine Wangen rundeten sich, wie der Busen. Der wuchs und wuchs, hörte einfach nicht mehr auf zu wachsen. Meine Hüften wurden voll und voller. Jedes meiner Kinder fand einen bequemen Platz darauf. Sah ich, was selten geschah, in den Spiegel, lächelte mich ein zufriedenes Mondgesicht an.

Rita und Scarlet hatte ich aus den Augen verloren.

Irgendwann dann ... die Zeiten der Befreiung!

Meine Hüften gehörten wieder mir. Endlich! Mein Busen war nicht mehr wichtig. Wozu Dessous und Stöckel, Wimperntusche und Lippenstifte. Alice hatte nichts von diesen Dingen, sie hatte nur recht. Recht mit jedem Wort, das sie sagte. Ich sagte es meinem Mann, der nichts verstand.

Nein, ich war keine unverstandene Frau. Ich doch nicht! Ich war eine Frau mitten im Leben und ... ich hatte eine neue Farbe entdeckt: Lila!

Lila Hosen, lila Blusen, lila Latschen.

Früher oder später, es mußte so sein, stellte ich fest: Lila steht mir nicht. Jeder neue Morgen zeigte mir neue lila Äderchen. Sie zierten erst Nase und Wangen, dehnten sich aus, erreichten schließlich die Beine. Nein, nie wieder lila, dachte ich.

Erste Fältchen umzingelten meine Strahleaugen, wurden Falten. Furchen durchzogen mein Gesicht, die Brust, den Bauch.

Zum Glück kann frau so allerlei dagegen tun. An jeder Litfaßsäule, an jedem Kiosk, im Werbefernsehen bekam ich Nachhilfe:

Strahlesin für funkelnde Augen!

Imhandumdrehnglattin für jugendliches Aussehen!

Elastoprestolit mit idealem Ladyspachtel gegen die unschöne Orangenhaut!

Ich kaufte und schmierte, massierte, tröpfelte. Ich spachtelte die Dellen zu. Suchte jeden neuen Morgen den Erfolg, den mir auch meine neue Brille nicht zeigen konnte.

An einem solchen Morgen sah ich Alice wieder.

Ich traute meinen Augen kaum, war fassungslos: Alice lachte mit knallrotem Mund von einem Titelblatt. Auf den Augenlidern ein Schimmer Blau und ein Hauch Rouge auf den Wangen.

Jetzt konnte mich nichts mehr halten ...

Endlich! Mit zittrigen Fingern öffnete ich den dezenten Briefumschlag.

»... Streifen Sie Ihre alte unschöne Haut einfach ab ...«

Schönheitschirurgie! Micro-Chirurgie, Laserpeeling, neue Nähmaterialien und innovative Instrumente!

Hängebäckchen, Tränensäcke – muß nicht sein!

Lippenrotverbreiterungen – daß es das gibt!

Brust größer oder kleiner, Bauch gestrafft, Fett am Körper abgesaugt. Probleme? – Kaum.

»... Bei der Stirnstraffung wird die Haut und auch die Knochenhaut bis zur Augenhöhle abgelöst. Nach 10 Tagen klingt die Schwellung und Hämatomverfärbung ab ...«

Das waren die Nuancen, die mein Leben verändern sollten.

Mir wurde schwummerig. Ich würde eine völlig neue Frau werden! Schön!

In meinem Kopf tuckerte die Rechenmaschine. Ich multiplizierte und addierte. Ja, das müßte zu finanzieren sein. Mir wurde schwarz vor Augen. Zittrig lehnte ich mich an die Wand, atmete schwer – ich mußte mich entscheiden!

Rita Hayworth oder Scarlet O' Hara?

ACH

Roswitha Iasevoli

der Schönheitsfleck ist weg
die Prise Plüsch
das Pflaster aller Pflaster abgerissen
die Zeit hat's verschlissen
ein Tango im Wandel

ich will doch nur schön sein
und schlank
schwinge hin, schwappe zurück
zum Kühlschrank
der mich versteht
fast magisch wachsen die Pfunde
dann bin ich rund
aus dem Rahmen gefallen

ich will doch nur schön sein
und bunt
Plastik phantastic
quietschgrün und bonbonrosa
mit Wimpern klimpern
pst, pst
bis die Borstenbüschel bersten
entblößt und entblättert
natürlich natürlich
nackt steh ich da

ich will doch nur schön sein
und jung
bis in alle Ewigkeit Beständigkeit
Darmträgheit
auch Claudia Schiffer muß mal kacken
hab ich gelesen
aber das glaub ich nicht
die haben uns schon immer verscheißert

ach
ich will doch nur schön sein
will schweben und
denken
ja, auch Engel denken
nicht mehr daran
brav auf Wolken zu sitzen
sie tröpfeln mir froh lockend
plöp, plöp
den heiteren Himmel aufs Haar
das keimt und sprießt
hört einfach nicht mehr auf sich zu entfalten
ist endlich dort, wo es auch hingehört
hurra – ich fühl' mich hip
ein erster Flaum auf blendend weißen Zähnen

ROTE FAHNE – ROTE LIPPEN

Marianne Brentzel

Wie die aussieht, hatte der Kerl gesagt.

Wie die aussieht!

Wie sah sie aus? Inga stopfte die Zeitung in die Jackentasche, ging die Einkaufsmeile hinauf und steuerte das nahegelegene Kaufhaus an. Im gut ausgeleuchteten Spiegel der Hutabteilung sah sie zerzauste Haare, ihr müdes Gesicht. Es war gerötet, am Kinn wuchs ein Pickel. Einer von der nicht ausdrückbaren Sorte, die aus der Tiefe wachsen wie ein Horn, rot und dick. Sie zog den Reißverschluß der Jacke nach unten, der Kragen der Bluse war zerknautscht. Sie drehte den Kopf zur Seite. Die Haare verdeckten das Profil wie eine ungebügelte Gardine. Nur die große, gerötete Nase ragte heraus. Sie strich die Strähnen hinter die Ohren, richtete sich auf, zupfte einige Fransen am Pony zurecht und wölbte mit der Zunge die Stelle nach vorn, an der das Horn glänzte.

Sie sah wirklich unmöglich aus, ungepflegt, eine Schlampe. Sie mußte das ändern. Die sollten nicht denken, Kommunistinnen pflegten sich nicht.

Ein Blick auf die Uhr. Noch mindestens eine Stunde Einsatz. Seit dem Morgen hatte sie am Stand der Partei Zeitungen verkauft, Flugblätter verteilt, Passanten in Diskussionen über das Berufsverbot kommunistischer Lehrer verwickelt, weihnachtseinkaufsgestimmten Familien Zettel aufgedrängt, Gleichgültigkeit und Ablehnung erfahren. »Geh doch rüber«, hatten die Leute sie mürrisch abgewiesen. »Politweiber, geht doch in den Osten!« hatten einige geschimpft. Daran war sie gewöhnt. Das machte ihr nichts mehr aus. Manchmal gab sie auch Contra, sagte: »Geht doch selber rüber! Wir leben doch in einer Demokratie – oder?« Solche Sprüche machten ihr Spaß.

Aber dann hatte einer gesagt: »Wie die aussieht!« Aus seinen Augen war Verachtung gesprungen, eine männliche Verachtung, die Frauen unbarmherzig die Scham lehrt, nicht schön zu sein.

Inga hatte geschluckt, sich abgewandt und den anderen Bescheid gesagt, daß sie mal kurz weg müßte.

War es nicht egal, wie sie aussah? Die Botschaft zählte. Ihr Flugblatt, das sie selber getextet und noch in der Nacht gedruckt hatte. Diese oberflächlichen Kerle, die immer nur auf das Äußere sehen. Die würden sich noch wundern!

Wie die aussieht!

Ein Satz mit Widerhaken. Er saß fest. Langsam ging sie zu den Hinweisschildern an der Rolltreppe. Im fünften Stock die Toiletten. Parfümerie und Kosmetik im Erdgeschoß. Da mußte sie zuerst hin.

Unschlüssig stand sie vor den erleuchteten Regalen mit Lippenstiften, Puder, Lidschatten und Augenbrauenstiften. Was sollte sie nehmen? Was paßte zu ihr? Sollte sie sich beraten lassen? Sie sah auf die perfekt zurechtgemachte Verkäuferin, die einer Kundin auf dem Handrücken die Farben von Lippenstiften vorführte. Nein. Das war nichts für sie. Diese Frau würde so eine wie sie gar nicht bedienen wollen.

Aus den Gondeln mit Sonderangeboten griff Inga rasch einige Stifte und Tuben. Ein Stift fiel ihr aus der Hand, rollte unter die Regale. Erschrocken sah sie ihm nach. Mußte sie den jetzt auch noch aufheben? Zum Glück schien niemand ihr Mißgeschick beobachtet zu haben. An der Kasse stauten sich die Kundinnen, balancierten Haarspraydosen, Schachteln und Tuben auf ihren Händen. Eine gepflegter als die andere. Die brauchen das Zeug eigentlich gar nicht mehr, dachte Inga.

Fünfter Stock. Im Vorraum zu den Toiletten war Hochbetrieb. Es roch nach Parfums, Haarsprays und Klo. Dauerrauschen von den Wasserspülungen.

Inga drängte sich vor einen Spiegel. Im hellen Neonlicht kam ihr das eigene Gesicht entgegen. Bläulich-weiß schimmerte jetzt der Pickel. Die Äderchen warfen rötliche Netze über die viel zu große Nase, unter den Augen hatte sie dunkle Schatten.

Sie holte die Make-up-Tube aus der Tasche, Farbe sonnenbeige, riß die Verpackung auf, schraubte den Verschluß ab und drückte die sonnenbraune Wurst auf den Zeigefinger. Aus den Augenwinkeln bemerkte sie einen spöttischen Blick. Die Frau neben ihr. Inga hatte bisher nur ihren harten Stökkelschritt wahrgenommen. Sie versuchte, die

Blicke zu ignorieren, schob das Haar hinter die Ohren, rieb sich die Creme auf die Haut.

Wie die aussieht! pochte es hinter ihrer Stirn.

Ihre Nachbarin öffnete einen weinroten Schminkkoffer, reckte den Hals in Richtung Spiegel, ließ ihren rotlackierten, gepflegten Zeigefinger suchend über der Auslage kreisen, entnahm dem Behälter einen schwarzen Stift, schraubte ihn auf, bürstete damit die Wimpern, mit einem anderen Stift ging sie den Lidstrich entlang, puderte die Haut über den Wangenknochen, öffnete leicht den Mund und zog die Lippen nach. Der Ton paßte gut zu ihrem Teint. Kurz preßte sie ein Tuch zwischen die Lippen. Betrachtete aufmerksam ihr Werk.

Inga sah dem professionellen Treiben fasziniert zu, staunte in die Innereien des Koffers hinein. Mindestens zwanzig verschiedene Tuben und Gerätschaften waren dort sorgfältig eingeordnet.

»Soll ich mit etwas aushelfen?« hörte sie die Schminkerin neben sich fragen. »Danke. Es geht schon«, stotterte Inga. Sie fühlte sich in ihrer Neugier ertappt und kramte geschäftig in der Anoraktasche nach dem eben erstandenen Stift. Prüfend betrachtete sie ihr Spiegelbild. Die Schminke hatte die Haut getönt. Das Horn glänzte nicht mehr. Sie zog die Lippen nach. Die Farbe wirkte knallig und aufdringlich. Irgendwie verkehrt. Sie nahm ein Papiertaschentuch, preßte es, wie eben bei der Eleganten beobachtet, zwischen die Lippen, zog die Brauen nach, zupfte am Kragen der Bluse herum und kämmte durch die widerspenstigen Haare. Inga sah skeptisch auf ihr bemaltes Gesicht, hob hilflos die Schultern. So mußte es gehen. Mehr konnte sie nicht tun.

Inga sah auf die Uhr. Schon Viertel vor zwölf. Längst hätte sie am Stand zurück sein müssen. Die Zeit war ihr davongelaufen. Sie stopfte die Utensilien in die Taschen des Anoraks, griff die Handtasche und hastete nach draußen. Zurück zum Platz vor der alten Kirche. Die Stimmen der Zeitungsausrufer und Flugblattverteiler kamen näher. Das Gewimmel in der Fußgängerzone war noch dichter geworden.

»Entschuldigung. Es hat etwas länger gedauert.«

Peter sah sie an, legte ihr einen Stoß Flugblätter in die geöffneten Hände.

»Wie siehst du denn aus!?« rief er hinter ihr her.

Inga hörte nichts mehr. Sie war schon in der Menge der Weihnachtsmarktbesucher untergetaucht.

TO GO WHERE NO ONE HAS GONE BEFORE

Sabine Brunner

Schneewittchen saß beim Frühstück, hatte einen Kater und gute Laune. Gestern war sie zweiundvierzig geworden. Ihr Prinz hatte das Schloß geschrubbt, Essen gekocht und sich fein gemacht, wobei er sowohl die Gefahren von Rinderwahnsinn und Alkoholismus ignoriert, als auch die gängigen Schönheitsideale Lügen gestraft hatte. Sie grinste lüstern, als sie sich noch mal sein gestriges Outfit vor Augen rief, und schmierte hingerissen die aus ihrem Croissant triefende Butter an ihren Bademantel. Er war so endlos sexy in seinem Abendkleid! Ein wunderbarer Transvestit, männlich und weiblich zugleich, das schönste Geschöpf unter der Sonne!

Daß die Welt das nicht so sah, wußten sie beide, und sie kicherte in ihr Alka-Seltzer, als sie an Herrn Schäfermüllers Gesicht neulich dachte. Schäfermüllers wohnten in dem Schloß eine Etage unter ihnen. Rechtschaffene Leute, freundlich, ganz normal. Er züchtete Kakteen. Ihr Prinz war ihm die Tage auf der Kellertreppe begegnet, in Pumps und Cocktailkleid, und Herrn Schäfermüller war vor Schreck der Wäschekorb entglitten. So hatten sie auch noch gemeinsam feuchte Bettlaken aufsammeln müssen, und ihr Prinz meinte später, noch nie eine solch perfekte Mischung von

Abscheu und Hilflosigkeit in einem menschlichen Antlitz erblickt zu haben wie in dem von Herrn Schäfermüller angesichts dieses skandalösen Vorfalls. Schneewittchen war Herrn Schäfermüller aber nicht böse. Er hatte seinen Apfel eben nicht ausgekotzt und lebte noch tot im Glassarg, rechtschaffen, freundlich und ganz normal. Das war auch weniger anstrengend, nur ziemlich doof, das wußte sie aus Erfahrung.

Sie legte sich ein dickes Stück Knoblauchbrie auf ihr drittes Brötchen und seufzte zufrieden. Das Glück von gestern Nacht umrauschte noch glitzernd ihren Diwan, und erst im Laufe des Tages würde es verebben. Dann würde der Schlick des schlechten Gewissens zum Vorschein kommen, der Angstschlamm, das vorwurfsvolle Watt, ja, sie kannte das. Man mußte immer wieder ans Festland zum Geldverdienen und Abnehmen, auch sie, Schneewittchen. Denn zum einen liebte sie es, ihrem Prinzen rauschende Ballkleider zu schenken, die schweineteuer waren, und zum anderen lieh sie sich diese Traumgewänder auch gerne aus – und wollte dann natürlich nicht aus den Nähten krachen.

Ihr Blick fiel auf die aufgeschlagene, zerknitterte Zeitschrift neben ihr. Sie mußte lachen. Spieglein, Spieglein, eingedellt, wer ist die Schönste der ganzen Welt? Laut ›Spiegel‹ von letzter Woche war das ein verhungertes Etwas ohne Busen, nackt und schwach, aber mit sensationellem Model-Einkommen. Seltsam, daß sich die Spiegel nicht änderten ...

Meine arme Mama. Ein Leben lang hinter Glas, verfroren, zu Tode gelangweilt durch hausfrauliche Tätigkeit. Diese Reporter damals, Hofberichterstatter der königlichen Postille, hatten sich schöne Bilder ausgedacht, um unser Elend zu verklären. Ich erinnere mich noch an den Anfang ihres Berichts:

»Es war einmal mitten im Winter, und die Schneeflocken fielen wie Federn vom Himmel herab, da saß eine Königin an einem Fenster, das einen Rahmen von schwarzem Ebenholz hatte, und nähte. Und wie sie so nähte und nach dem Schnee aufblickte, stach sie sich mit der Nadel in den Finger, und es fielen drei Tropfen Blut in den Schnee. Und weil das Rote im weißen Schnee so schön aussah, dachte sie bei sich: ›Hätt ich ein Kind so weiß wie Schnee, so rot wie Blut und so schwarz wie das Holz an dem Rahmen.‹ Bald darauf bekam sie ein Töchterlein, das war so weiß wie Schnee, so rot wie Blut und so schwarzhaarig wie Ebenholz, und ward darum das Schneewittchen genannt. Und wie das Kind geboren war, starb die Königin.«

Der letzte Satz war übrigens eine glatte Lüge. Meine Mutter starb nur noch ein bißchen mehr als sie sowieso schon tot war bei meiner Geburt. Wer sitzt schon drinnen im Schnee, wenn es draußen schneit? Und wer kriegt Kinder, ohne daß irgendein Mann in Erscheinung tritt, ohne Sex?

Diese dämlichen Journalisten! Weil sie nicht begriffen, daß die nun folgenden vier Mordversuche meiner Mutter an mir nur gutgemeinte Erziehungsmaßnahmen waren, schoben sie die pädagogischen Grausamkeiten im nachhinein einer bösen Stiefmutter in die Schuhe. »Stolz« und »übermütig« nannten sie sie. Was für ein Schwachsinn! Meine Mutter war ein einziger Minderwertigkeitskomplex, und sie hatte nichts als ihre Schönheit, um ihre Existenz zu legitimieren. Schönheit hinterm Fenster, zombietot, und genau das hatte sie versucht weiterzugeben, wie alle Mütter an ihre Töchter nur das weitergeben können, was sie selber sind.

Zuerst trieb sie mir meine sexuelle Neugier aus, indem sie mich mit diesem Monstrum von Jäger allein ließ. Ich rannte schreiend davon, als er seinen »Bärenfänger« zog, logisch. Meine Lustgefühle waren damit gründlich abgewürgt – der erste kleine Tod –, und ich flüchtete zurück in meine heile Kinderwelt, meine Puppenstube. Daraus machten die Berichterstatter dann später das Haus dieser ominösen sieben Zwerge, die sich deutlich für die Lernziele einer umfassenden Mädchenerziehung engagierten. O-ton: »Die Zwerge sprachen: ›Willst du unsern Haushalt versehen, kochen, betten, waschen, nähen und stricken, und willst du alles ordentlich und reinlich halten, so kannst du bei uns bleiben, und es soll dir an nichts fehlen.‹ – ›Ja‹, sagte Schneewittchen, ›von Herzen gern‹, und blieb bei ihnen.« Ich könnte mich heute noch wegschreien. »Von Herzen gern«! Als ob ein siebenjähriges Kind begeistert den Haushalt für sieben erwachsene Zwerge schmeißen würde! Die übrigens vorher ganz wunderbar ohne Haushaltshilfe zurechtgekommen waren! Mutterseelenallein im Wald. Stimmt. Ich war einsam in meinem Kinderzimmer. Deshalb übernahm ich ja diesen Puppenmutti-Job. Es war auch kein anderes Spielzeug da ... Aber ich konnte nicht ewig spielen. Ich wurde älter, genau wie meine Mutter, die mit Schrecken in ihrem Spiegel beobachtete, daß es höchste Zeit war, mich zu ihrer Nachfolgerin zu machen. Das Kind mußte in eine Frau verwandelt werden, in eine tote Schönheit, die nicht verwest.

Sie gab sich wirklich Mühe. Sie quetschte mich in Schnürkorsetts, daß mir die Luft wegblieb, bürstete meine Haare, bis ich fast wahnsinnig wurde vor Kopfschmerzen, und machte mich endgültig stumm, indem sie mir den Apfel der Liebe in den Hals rammte, sprich: mich auf die Ehe vorbereitete. Sie hatte ihre Pflicht getan. Und dann lag ich da im Glassarg. Perfekt, scheintot und wunderschön schlank mit glänzendem Haar. Hätte mein Prinz sich nicht so brennend für die Mädchenkleider in meiner Puppenstube interessiert (später im Bericht hieß es, er habe bei den Zwergen übernachten wollen, eine merkwürdige Unterkunft für einen Prinzen!), hätte er mich höchstwahrscheinlich gar nicht gefunden, und ich wäre unter Garantie bei irgendeinem Idiotenkönig eingeschneit hinterm Fenster gelandet! Und wäre mein süßer Transvestitenschatz beim Abschleppen des Glassargs nicht so wunderbar ungeschickt über diesen Strauch gestolpert, hätte ich mein ganzes Elend auch niemals ausgekotzt! So aber hatten wir nächtelange therapeutische Diskussionen, lasen Freud,

Theweleit und Drewermann, heulten uns frei und waren – mit verschmiertem Make-up und verrotzten Klamotten – überhaupt nicht schön. Aber glücklich!

Und Mama befreiten wir auch noch. Denn was sich da auf unserer Hochzeit (die übrigens eine reine Einweihungsparty zu Ehren unseres ersten gemeinsamen Schlosses war, wir haben nie geheiratet), also was sich da auf unserer warming-up-Fete in rotglühenden Eisenpantoffeln zu Tode tanzte, war ausschließlich das Phantom der bösen Stiefmutter, die grausame Diktatur vorsintflutlicher Männerphantasien sozusagen. Mama trank an dem Abend sehr viel Campari und tanzte Wiener Walzer mit einem Theologiestudenten. Stolz und übermütig.

Schneewittchen rührte den dritten Löffel Zucker in ihre vierte Tasse Kaffee und bemerkte, daß sie immer noch gut drauf war. Schäfermüllers taten ihr leid, und sie schlug den ›Spiegel‹ zu, samt unterernährtem Model. Das Alka-Seltzer hatte gewirkt, der Kater war verschwunden. Wo blieb denn eigentlich der Absturz? Irgendwie ließ das schlechte Gewissen sich heute Zeit ... Da ging die Tür auf, und ihr Prinz stürmte herein. »Ich hab uns was von McDonald's mitgebracht«, rief er, »sollen wir Star Trek VI gucken, ›Das unentdeckte Land‹?« Schneewittchen grinste, und draußen wurde es Frühling.

KATHRIN, DIE KILOS UND ICH
ODER
DER FRANZÖSISCHE LIEBHABER

Sabine Deitmer

Rita macht's mit Eiern, zehn Minuten gekocht und steinhart. Jenny schwört auf Äpfel, eine widerliche Sorte: grasgrün. Lydia steht auf Mohnstangen, die aussehen wie Würste mit Bartstoppeln: pervers. Ich steh' auf Erdbeersahne: schaumig und zuckersüß. Mit einem Stück Erdbeersahne pro Tag gönnt man sich was und wird trotzdem schön schnell schlank.

Jetzt war ich schön bleich und schön schlank und feierte mich und meine geschmolzenen Kilos bei ›Pedro‹, auf der schönsten Terrasse der Stadt. Was nutzt eine Traumfigur, wenn frau sie nicht ausführen kann? Die Palme neben mir wiegte sich sanft, die Eiswürfel in meiner Cola klapperten karibisch und wild. Ich genoß die neue Beinfreiheit in meiner engsten Jeans und die bewundernden Blicke der Jungs vom Nachbartisch. Mit dem Strohhalm angelte ich die Zitronenscheiben heraus. Ich war die knackigste Braut überhaupt. Das hielt solange, bis mein Blick auf die Bücher in meiner Strohtasche fiel. Auch knackigen Bräuten wird das Abitur nicht geschenkt. Ich fischte mein Vokabelheft heraus. Vor dem Französischabi empfiehlt es sich, auf mehr als eine super Figur zu bauen. *Acheter*. Kaufen, sich kaufen, einkaufen, beziehen. Ich bedauerte, daß man das Abitur noch nicht per Teleshopping ordern kann.

J'achète un livre. Ich kaufe mir ein Buch. *J'achetais un livre.* Ich kaufte mir ein Buch. *J'achèterais un livre.* Ich würde mir ein Buch kaufen. Ich schlug das Heft zu und kaufte dasselbe blöde Buch in allen mir bekannten Zeiten.

»Hier bist du.« Kathrin ließ sich in den Korbstuhl neben mir fallen. Mit ihrer blonden Mähne ist sie die Traumfrau überhaupt. Die coolsten Jungens der Schule sind in Kathrin verknallt. In ihrem rosa Mini und den gelben Socken in den Doc Martens sah sie mal wieder Klasse aus.

»Bist du in Französisch fit?«

»Die Frau hätte ihm einen Besen kaufen wollen. *La femme aurait voulu lui acheter un balai*«, prahlte ich.

»So'n Schwachsinn«, stöhnte sie und winkte die Bedienung herbei. »Nicht so'n Quatsch. Richtig reden.«

»Kein Problem. Worum geht's überhaupt?«

»Siehst du den da? Neben der Tante mit dem roten Tuch im Haar?«

Ich reckte den Kopf und hielt vergeblich nach einer Frau mit einem roten Flieger im Haar Ausschau.

»In der Reihe hinter uns. Zwei Tische weiter. Unter dem Sonnenschirm.«

Eine dicke Schleife saß rot in krausem dunklem Haar. Das daneben mußte er sein. Jetzt hatte ich ihn. Und er hatte mich. Ein Kribbeln kroch mir den Rücken hoch.

»Nicht so auffällig«, warnte Kathrin mich. »Glaub mir«, sagte sie, »das ist der schönste Typ überhaupt.«

»Ich hab' schon schönere gesehen.«

Sie schüttelte den Kopf. »Ich nicht.«

»Na ja«, lenkte ich ein, »hier hab' ich noch keinen schöneren gesehen. Diesen Sommer nicht.«

»Er ist Franzose.« Ihre Augen wanderten zu dem Typ, der in einem verblichenen T-Shirt und mit honiggelber Haut zwei Tische hinter uns saß.

»Macht irgendso'n Praktikum, den Sommer über. Soviel hab' ich schon rausgekriegt.«

»Und?«

»Für den brauche ich dich.«

»Und wozu genau?«

»Du mußt ihm sagen, daß ich ihn liebe.«

»Du kennst ihn doch gar nicht.«

»Was weißt du schon von Liebe …«

Ich schielte möglichst unauffällig zu ihm. Er war jetzt solo. Lässig hing er in seinem Stuhl. Die Augen halb geschlossen. Den Kopf leicht nach hinten gebeugt. Total cool. Die Haarfarbe war irre. Ein sonniges Walnußbraun.

»Ich soll ihm sagen, daß du ihn liebst?«

»Auf französisch.«

»Das kannst du doch selber. *Je t'aime.* Total einfach. Mehr ist das nicht.«

»Und wenn er mich was fragt? Dann steh' ich auf dem Schlauch. Du weißt genau, daß ich Französisch nach der neunten abgewählt habe.«

Wir schielten jetzt beide zu ihm hinüber. Er war nicht mehr allein. Drei Mädels standen um ihn und schmachteten ihn an.

»Momentan ist er besetzt.«

»Na und?« Kathrin leerte in einem Schluck ihr

Glas. »Bei dem ist immer wer. Wir gehen einfach hin.«

»Jetzt?« fragte ich verblüfft.

Sie legte ein paar Markstücke neben das leere Glas. »Jetzt.«

Ich warf das Vokabelheft in die Korbtasche und schlängelte mich hinter Kathrin zwischen den vollen Tischen durch. »Der schönste Mann der Stadt, *le plus bel homme de la ville*«, probierte ich auf dem Weg halblaut mein Französisch aus.

Die drei Mädchen neben ihm sahen uns neugierig an. Es war unnatürlich still.

»*Salut,*« grüßte ich. »*T'es Français?*« Du bist Franzose?

»*Ouais.*« Er grinste mich erfreut an. An einem Vorderzahn fehlte ein Stück. »*Français, Français.*«

Mit einer Handbewegung scheuchte er die drei Mädels weg. Mit der anderen forderte er uns zum Sitzen auf.

Die Groupies räumten mit bösen Blicken das Feld.

»Nun mach schon«, zischte Kathrin mir zu.

»*Elle veut* …« Ich zeigte auf Kathrin. »Ich soll dir sagen, daß sie dich liebt«, fuhr ich auf französisch fort.

»*Tiens.*« Er kratzte sich am Ohr.

»Was heißt das?« fragte Kathrin: »*Tjän?*«

»Weiß ich auch nicht. Nichts.«

»*Je tämm*«, nahm Kathrin mutig ihr Schicksal selbst in die Hand.

»*Merde alors*«, fluchte er.

»Das heißt Scheiße«, übersetzte ich.

»Ich bin nicht blöd«, fauchte Kathrin mich an.
»Warum *merde?*« fragte ich.
»Weil ich auf so *mini-culs* nicht steh'.«
»*Minikü*. Was heißt das?«
»Miniarsch«, übersetzte ich für Kathrin.
»*Et merde à l'amour. Je baise.*«
»Er sagt, mit der Liebe hat er's nicht so«, übersetzte ich frei.
»Und was heißt *bäs*«, hakte Kathrin nach.
»Ficken«, sagte ich.
»Ich *bäs* auch«, sagte Kathrin, und ich wurde rot.
Er sah kurz auf Kathrin. »*Manque de kilos.*«
Mangel an Kilos? Ich verstand Bahnhof.
»*Pas de cuisses. Pas de cul.*« Keine Schenkel. Kein Arsch.
»*Je baise des kilos.*«
»Ich ficke Kilos«, übersetzte ich.
Kathrin sah ihn verständnislos an.
Er zog einen Zettel aus der Hosentasche und faltete ihn auf.
»*Voilà,* gestern habe ich 324 Kilos gebumst.«
»*Trois cent vingt-quatre*«, wiederholte ich ehrfürchtig.
»Was soll der *Troawindquatsch?*« fragte Kathrin.
»*Trois cent vingt-quatre kilos, pas mal.*« Er steckte den Zettel in die Hose zurück. »*Quatre nanas.*«
»Nana. Was ist das?« fragte Kathrin.
»Frau. Vier Frauen. Gestern hat er vier Frauen gebumst«, erklärte ich. »Zusammen haben die 324 Kilos auf die Waage gebracht.«
»Glaubst du ihm den Quatsch?«

»Warum fickst du nach Kilos?«

»*Pourquoi?*« Er zupfte an einem Ohrläppchen. »Ich mag Frauen, keine Kinder.«

»*Je tämm*«, warf Kathrin eigensinnig ein.

»*Quelle est conne.*«

Wie blöd ist sie eigentlich. Das übersetzte ich lieber nicht.

Er sah Kathrin aus seinen halb geschlossenen Augen an.

»Ich geb' mich nicht mit kleinen Ärschen von fünfzig Kilo ab.«

»Warum schreibst du die Kilos auf? Wie ein Buchhalter?«

»*Pourquoi, pourquoi.* Du sprichst französisch. Aber du bist eine Nervensäge, weißt du das?«

»*Pourquoi?*« blieb ich am Ball.

Er sah auf ein rotes Segel, das näher kam. Eine Frau in einem Zelt von einem Kleid tänzelte zwischen den weißen Stühlen auf uns zu. Seine Augen öffneten sich erfreut. »*Elle est pour moi.*« Die ist für mich.

»Wieviel Kilo?« fragte ich.

Sein Blick streichelte den Körper der Frau.

»*Minimum quatre-vingt-dix.* Neunzig. Mit etwas Glück, plus.«

»*Allo Sigrid.*« Er stand auf und küßte sie auf beide Wangen.

»*Salut*«, verabschiedete er sich. Er lief mit dem roten Zelt zur Kasse neben dem Eingang. Wie hypnotisierte Kaninchen sahen wir den beiden nach. Er zahlte. Durch den breiten Mittelgang verließen sie das Lokal.

»Laß uns gehen«, schlug ich vor.

»Scheiße.« Kathrin wischte sich mit dem Arm durch das Gesicht. »Die dicke Kuh kriegt ihn und ich nicht.«

Der schönste Mann der Stadt entschwand am Arm der dicken Kuh im Abendlicht.

»Ich krieg' ihn noch. Das schwör' ich dir.« Sie zog die Nase hoch. *Je täm. Je bäs.* Ich hab' noch jeden rumgekriegt.« Kathrin stand auf und steuerte im Zickzackkurs an den Kübeln mit den Palmen vorbei.

»Hey. Wo willst du hin?«

»Eis essen.« Sie zeigte die Straße hoch. »Mit viel Sahne. Davon wird man gut fett.«

»Warte, ich komm' mit.«

Wir liefen in Richtung Eisdiele die Straße hoch. Kathrin hatte die Lippen zusammengepreßt und sagte kein Wort.

Der schönste Mann der Stadt, übersetzte ich in meinem Kopf. *Le plus bel homme de la ville* verschwindet, *disparaît*. Mit einer dicken Kuh. Kleine Ärsche interessieren ihn nicht. Er steht auf Kilos. Was verdammt noch mal heißt Diät auf Französisch, fragte ich mich.

Kathrin schob die Karte zu mir über den Tisch. »Such dir was aus.«

Der Kellner brachte uns die Eisbecher. Kathrin grub ihren Löffel in eine Banane und schaufelte ein Bananenstück garniert mit Schokoladensauce, Sahne und einer Lage Eis in den Mund. Ich machte mich über meine Amarenakirschen her.

»Und jetzt?« Kathrin schleckte sich die Sahne

von der Lippe und sah sich wieder die Eiskarte an.

»Hast du noch Hunger?« fragte ich verblüfft.

»Bist du verrückt?«

»Warum willst du dann weitermachen?«

»Warum wohl?« fragte sie mich.

»Das machst du wegen ihm?«

»Meinst du, ich fress' für dich?« Sie streifte mich mit einem vernichtenden Blick.

»Denk an deine Figur«, mahnte ich.

»Vergiß es.«

»Das ist doch Wahnsinn«, sagte ich. »Du brauchst Monate, um so fett zu werden. Dann ist Winter. Da ist er längst weg.«

»Hast du 'ne bessere Idee, wie ich ihn kriege?«

Sie goß die rote Sauce über ihre Eiskugeln.

»Solange du keine bessere Idee hast, nutz' ich die Zeit und fress'.«

»Wir könnten ihn entführen.«

Sie lutschte den Löffel ab. »Hast du so was schon mal gemacht?«

»Das war ein Witz. Ein Witz.«

»Hast du schon mal jemanden entführt. Ja oder nein?«

»Natürlich nicht. Oder, doch ja«, antwortete ich.

»Was denn nun? Hast du, oder hast du nicht?«

»Ich habe einmal einen Pudel entführt. Von unserem Mathelehrer.«

»Und?« Kathrin sah mich gespannt an.

»Es gab Probleme. Er hat ununterbrochen gekläfft.«

»Hunde sind blöd.« Kathrin steckte den Löffel in den leeren Becher zurück. »Wie Männer. Nur bellen tun die nicht.«

Kathrin schlug wieder die Karte auf. »Und was nehm' ich jetzt?«

Ich starrte sie entgeistert an. »Du bist ja verrückt. Es gibt doch noch andere gute Typen.«

»Keinen Franzosen. Nicht hier in der Stadt.«

»Wieso muß es ein Franzose sein?« erkundigte ich mich.

Kathrin sah mit entrücktem Blick in die Weite. »Franzosen sind die besten Liebhaber, zärtlich, einfühlsam, phantasievoll ...«

»Woher hast du den Scheiß?« fragte ich.

»Stand letzte Woche im ›Stern‹. Die Hitparade der heißen Typen. Die schreiben, Franzosen sind die einzigen, die's bringen.«

»Und du glaubst den Quatsch?«

»Das war eine seriöse Umfrage. Von einem wissenschaftlichen Institut.«

»Du müßtest mal lesen, was meine Brieffreundin schreibt ... Wer war noch oben auf der Hitliste?«, erkundigte ich mich.

»Finnen. Das machen die langen Nächte. Viel Zeit zum Üben«, klärte sie mich auf. »Und dann kommen die Polen und danach lange nichts.«

Während Kathrin sich über ihr Tiramisu hermachte, arbeitete es in meinem Kopf.

»Das war gar kein Franzose«, sagte ich möglichst beiläufig.

Auf halbem Weg zum Mund stoppte Kathrin eine Ladung Tiramisu.

»Aber der hat doch französisch geredet.«

»Hat er auch«, sagte ich. »Aber kein französisches Französisch.«

»Französisches Französisch?«

»In Wirklichkeit kam er aus Belgien. Das hört man am Akzent. Er hat sich zwar Mühe gegeben, aber der Akzent kam durch. Grauenhaft. Ganz anders als Französisch. Kein bißchen cool.«

Kathrin schob den Teller mit dem Tiramisu weit von sich. »Belgier sind die blödesten Liebhaber überhaupt. Die kommen noch hinter den Deutschen und den Japanern.«

»Sei froh, daß er mit der dicken Kuh und nicht mit dir rummacht«, baute ich sie auf.

»Wenn man es so sieht. Da hab ich ja richtig Glück.«

Sie legte beide Hände auf den Bauch. »Mein Gott, ist mir schlecht. Wegen so einem lausigen Lover hätte ich mir glatt die Figur versaut.«

»Du hast noch mal Schwein gehabt.«

»Ein Belgier«, stöhnte sie. »Und das mir. Fressen nur Pommes und schütten sich voll mit Bier.«

Kathrin verzog angewidert das Gesicht.

»Alles okay?« erkundigte ich mich. Kathrins Gesicht hatte so einen merkwürdigen Grünstich.

»Mir ist so schlecht«, stöhnte sie.

»Steck einen Finger in den Hals.«

»Komm mit aufs Klo«, bettelte sie.

»Nein«, sagte ich fest.

Kathrin rannte ziemlich überstürzt in den Eisladen. Sobald sie meinen Blicken entschwunden war, übte ich weiter für das Französischabi. Ich lüge. *Je mens.* Ich habe gelogen. *J'ai menti.* Das Lügen hatte ich schnell in allen Zeiten im Griff. Bei der Verneinung wurde es kniffliger. Ich hätte nicht lügen sollen. Aber daran glaubte ich nicht.

Mit einem breiten Grinsen tauchte Kathrin in der Tür des Eiscafés auf. Nein, machte ich weiter, ich habe lügen müssen. *J'ai dû mentir.* Und ich entschuldige mich bei den Belgiern. *Excusez-moi, les Belges.* Aber ich bereue nichts. *Je regrette rien.* Diese verdammte Verneinung. *Non, je ne regrette rien,* verbesserte ich mich.

AN EINE FREUNDIN

Sabine Deitmer

Bade in Stutenmilch
Salbe dich mit Myrrhe
Hülle dich in feingesponnenes Tuch
Flechte dir Schmetterlinge ins Haar
Pflück Malven und leg sie unter dein Kopfkissen

Schlafe nie ohne zu träumen

Setz einen nackten Fuß auf die Wiese
Lauf über Sand durch salzige Wellen
Öffne die Arme und dreh dich im Wind
Wirf dein Hemd von dir
Fang die Sonne und

Verführe den Mond

Reibe dich an der Rinde einer alten Platane
Suche nach Federn zwischen sprießendem Roggen
Faß in den Winterpelz eines Schafes
Häng den Flügel einer toten Taube an deinen Spiegel
Färb dir die Lippen mit ihrem Blut

Nimm ein Stück Holzkohle

Umkreise die Augen, entfach ihre Glut
Wirf die Kohle ins Feuer
Roll in der Mitte der Hitze

Das Fell eines Graubären aus
Leg dich darauf

Laß dich von der Wärme durchfluten

Du bist leicht wie ein Schmetterling
Du bist kräftig wie Stutenmilch
Du bist kostbar wie Myrrhe
Du bist unverwechselbar wie handgesponnenes
                                                                                Tuch
Du duftest wie eine blühende Malve

Du strahlst wie die Sonne

Du bist veränderlich wie der Mond
Du bist rauh wie die Rinde der alten Platane
Du bist salzig wie die See
Du bist störrisch wie ein Schaf
Du bist verwundbar wie eine Taube

Du bist schön

Jetzt geh zu deiner Tür
Schau durch den Spion
In die Augen deines Geliebten
Öffne die Tür, wenn du dich
in seiner Pupille wiederfindest

Fehlt auch nur ein Schmetterling in deinem Haar
Laß die Tür verschlossen
Leg den Riegel vor

LASSOAUGEN

Gudrun Güth

In Kenny's Galerie gehe ich ordentlich der Reihe nach von Bild zu Bild, und plötzlich schauen mich Augen an. Ich versuche tapfer noch zwei, drei Schritte, erreiche aber schon das nächste Bild nicht mehr, obwohl ich doch gerade für das Monumentale dort hinten hergekommen bin. Ich setze mich aus purem Trotz mit dem Rücken zur Wand, tu so, als ob mich das alles nichts anginge, aber es springt mich von hinten an, so daß ich mich umdrehen muß. Die Augen verfolgen jede meiner Bewegungen.

Wenn ich Stunden später in mein Hotelzimmer zurückkehre, kann ich mich an das Bild selbst nicht mehr erinnern, nur an diese unglaublichen Augen. Es kommt nicht auf die Farbe der Augen an. Es gibt etwas hinter den Augen, das sie schön macht.

Etwas wie Luft, das Meer, heftiges Atmen. Wie Liebesbäume, Regensteine, Brombeersaft.

Ich weiß, ich bin süchtig nach solchen Augen. Ich habe sie schon in Paris, in London, in Berlin und in Edinburgh gesehen. Obwohl ich mich hinterher an die Malerin oder den Maler nicht mehr erinnern konnte, wußte ich jedesmal, das ist Kunst.

Daß es solche Augen auch in der Wirklichkeit gibt, glaubte ich erst, als ich in meiner kleinen

Pension in der Galway Bay beim Frühstück die ›Irish Times‹ durchblätterte und auf Seite sieben der Regionalnachrichten an einem großen Schwarz-Weiß-Foto hängenblieb. Dunkle, leicht zusammengekniffene Augen. Vom Julisalzwind zerzaustes Haar. Der Blick war in die Ferne gerichtet.

»Augen, die töten könnten. Die Künstlerin Imelda Blue ist so schön wie ihre Kunst selbst«, schwärmte der Journalist F. und beschrieb ihre große, schlanke Gestalt, ihr fliegendes rotes Haar. Über ihre leuchtenden Mosaike und ihre Glaskreationen schrieb er nichts.

»Ich werde ihr zeigen, wie man mit Ölfarbe umgeht«, wurde ihr Mentor, ein Bär mit viel Bart im Gesicht, zitiert. »Imelda versucht sich zur Zeit in Selbstporträts.« Der Bär war vor einem dieser Porträts abgebildet. Er lächelte zufrieden. »Ich habe dem Bild den letzten Schliff gegeben. Ich habe es übermalt. Erst jetzt kommt Imeldas ätherisches Wesen zum Vorschein.«

Ich brauchte den Artikel gar nicht zu Ende zu lesen. Imeldas Augen sagten genug. Wie konnte er nur ihr Bild übermalen!

Komm!

Die Tasche war in wenigen Minuten gepackt.

Siehst du, wie er mir wehtut?

Ich hatte Mühe, das kleine Dorf auf der Landkarte zu finden.

Vor dem irischen Regen konnte sich niemand retten. Auch die struppigen Esel nicht, die mißmutig auf den Feldwegen herumstanden. Ein Scheibenwischer am Auto funktionierte nicht. Übermorgen sollte die Sonne durchkommen. Bis dahin konnte ich nicht warten. Imeldas Augen hatten klar und deutlich zu mir gesprochen. Das war mir weder in Paris, noch in London, Berlin oder in Edinburgh passiert. Auch nicht in Kenny's Galerie.

Ich fuhr in den prasselnden Regen und in die Windböen hinein.

Imeldas Cottage war leicht zu finden. Die Dorfbewohner gaben bereitwillig Auskunft. Ein Farmer fuhr ein Stück mit, um mir den Weg zu zeigen.

»Die Tür ist immer offen«, sagte er, stieg aus und ging.

Das Cottage lag hinter Ginsterbüschen. Wie kleine Partyglühbirnen leuchteten die gelben Blüten durch den Regen. Ich klopfte. Niemand kam. Ich stieß die blaue Tür auf. Im Flur standen Mosaikvasen. Die Hortensien waren vertrocknet.

»Hallo«, rief ich und wartete. Als sich auch nach dem dritten Rufen nichts regte, ging ich in die Küche. Ich blieb am Fenster stehen. Ein Fischadler segelte vorbei. Das Meer hob sich kaum vom Himmel ab. Grautöne verwischten sich am Horizont. Weiter draußen lagen die Aran Islands. Inisheer, Inishmaan, Inishmore. More, more …

Überall in den Regalen und auf den Fensterbrettern standen Gefäße, verzierte, einfarbige, aus dickem, aus dünnem Glas, leere oder mit Gewürzen, Muscheln und Steinen gefüllte.

Ich setzte Teewasser auf. Der Tee schimmerte golden durchs Glas. Ich hielt mir die heiße Tasse ans Gesicht. Gleich würde Imelda hier sein und alles verstehen.

Im Wohnzimmer brannte kein Kaminfeuer. Es war für Juli viel zu kalt, viel zu naß.

Feuchtigkeit hatte sich auf die knallroten Polster gesetzt. Ich öffnete die Fenster. Der Wind rauschte mit dem Regen um die Wette. Im Garten lag ein Spielzeugauto. In der ›Irish Times‹ hatte nichts von Kindern gestanden. Oder doch? Kindergesichter lachten von den Fotos, die an den Wohnzimmerwänden hingen. Blondgelockte Jungen in Imeldas Arm, an Imeldas Hand. Und immer war Imeldas Blick in die Ferne gerichtet. Vor dem Kamin lag ein Stapel Zeitungsartikel. Ich las.

Imelda hatte Einzelausstellungen in Cork, Dublin und Galway gehabt. In allen Artikeln schrieben sie sich die Finger wund über Imeldas rotes Haar, über die Schönheit ihrer schlanken Erscheinung, über ihre dunkelgrünen Augen. Unterwasseraugen – verlockend wie ihre Glaskunst.

Der Regen ließ nach. Sonnenstrahlen fielen wie Seidenpapierfächer durch die aufreißenden Wolken. Auf der anderen Seite der Bucht kamen die Kalksteinhügel des Burren zum Vorschein. Es sah aus, als ob in den Häusern das Licht anging. Vielleicht war Imelda hinunter zum Meer gegangen. Ich holte meine Gummistiefel aus dem Auto. Der Farn auf beiden Seiten des Weges streifte meine Jeans. In den Fuchsienhecken sprangen Rotkehlchen von Zweig zu Zweig. Am Strand lag ein

Boot. Regentropfen glitzerten auf dem Teer. Zwischen den Steinen fand ich hellblaue Netze, Hummerfangkästen und Knochen, vielleicht Walfischknochen. Ein Walfisch war vor einigen Jahren in der Galway Bay gestrandet. Das erzählten sie sich abends im Pub. Gestrandet war hier auch eine Seemine. Der Koloß hatte acht Männer zerrissen.

Ich hörte das Schreien der Esel. Zwei Möwen ließen sich vor mir auf den Wellen nieder. Wie eine dunkle Statue hockte ein Kormoran auf seinem Felsen. Die Flut stieg. Imelda konnte ich nirgends entdecken. Ein Seehund tauchte auf. Einmal hatte ich durchs Fernglas einem Seehund direkt in die Augen geschaut. Kugelige, tiefschwarze Augen. Dahinter etwas, das ich in Imeldas Augen entdeckt hatte. Manchmal spürte ich es auch in meinen eigenen Augen.

Ich ging zum Cottage zurück. Ich hatte Zeit. Ich würde warten. In Imeldas Küche suchte ich nach Lebensmitteln und fand eine Dose Currybohnen. Das reichte mir.

Ich wußte, ich war eine Einbrecherin, aber ich konnte nicht mehr zurück. Im Fensterglas sah ich mir selbst ins Gesicht. Lassoaugen schauten mich an.

Die anderen Zimmer waren verschlossen. Ich ging in den Garten. Efeu und Gras folgten den Bodenwellen. Steinmauern und Rhododendronbüsche zerteilten den Garten in kleine Felder. Manche ragten als Aussichtspunkte hervor. Andere lagen so tief, daß ich, wenn ich mich auf dem Gras ausstreckte, von niemandem gesehen werden könnte. Hier wohlig warm unter einer Sommersonnendecke mit nacktem Bauch den Boden berühren, auf dem Wind liegen und die Wolken vom Himmel heruntergucken. Hier tief in der Erde das Meerwasser hören, die Vogelfedern spüren wie Fallschirme auf meiner Haut.

Erst jetzt sah ich den Schuppen. Das große Fenster war nachträglich eingebaut worden. Von innen mußte es mit einer Lichtschutzfolie bezogen sein. Ich konnte nichts erkennen.

Vor der Tür hing ein Vorhängeschloß. Noch nie hatte ich eine Tür aufgebrochen, aber irgendwann fängt jede mal an. Steine gab es genug hier. Ich setzte meine ganze Kraft ein. Was sollten die Leute im Dorf denken! Die Steinschläge vibrierten in meinem Kopf. Endlich sprang das Schloß auf. Langsam öffnete ich die Tür. Es roch streng. Mein Fuß stieß an etwas Weiches. Ein Lappen, buntgefleckt. Ich nahm ihn in die Hand. Weich, mit harten, trockenen Stellen. Ölfarben.

Staffeleien standen im Kreis. Gesichter, durchsichtig, wie aus Glas. Mit hungrigen Augen. Verzerrt, ein zu großer Mund, eine schiefe Nase, ein abstehendes Ohr. Ein Glasauge, ein drittes Auge am Kinn. Imelda I, Imelda II, Imelda … Und in jedem Porträt etwas hinter den Augen …

Wie müde ich plötzlich war. Ich schloß die Tür. Unbedingt morgen ein neues Vorhängeschloß kaufen. Jetzt den Schlafsack holen. Damit Imelda nicht fror. Ein Torffeuer anzünden. Die Zeitungsartikel zerreißen. Ich rollte mich vor dem Kamin zusammen. Mir war so kalt.

Mitten in der Nacht geht plötzlich das Licht an. Jemand steht über mir. Ein großer schwarzer Bär.

»Was zum Teufel tust du hier«, brüllt er mich an.

Ich will ihm erklären, warum ich hier bin, aber es kommt kein Ton aus meinem Mund. Er reißt mich am Arm hoch, schüttelt mich.

»Laß mich in Ruhe!« Ist das meine Stimme?

Der Bär läßt sich auf das Polster fallen. Er stöhnt und sagt heiser:

»Sie hatte Augen, die einem das Herz aufbrechen. Jemand steht vor ihr, knallt sie ab. Verstehst du?«

Ich sehe Imeldas Augen vor mir. Unterwasseraugen. Verlockend wie Glas.

Der Bär schlägt die Hände vors Gesicht. Der Bär weint und nimmt einen gewaltigen Schluck aus der Flasche.

»Nein«, schreie ich. »Ich verstehe nicht.«

Imeldas Glasschneider ritzt ihm Mosaike ins Gesicht. Die leuchten knallrot.

»Warum hast du ihr Bild übermalt?«

DIE SCHÖNHEITSFÄNGERINNEN VON SAMELN

Gudrun Güth

Wieder einmal ist Weltuntergang prophezeit. Nur die Schönsten sollen überleben. Für die steht am Schiffshebewerk die Schönheitsarche bereit.

»Bestimmt schwebt der liebe Gott bereits im siebten Himmel auf Wolken.«

»Ich bin sicher, der stellt sich 'ne Liste zusammen, in die er genüßlich Namen einträgt: Claudia, Naomi, Sharon, Isabelle, Helena ...«

»Tja, das war's wohl für uns.« Katja seufzt und steckt sich eine neue Zigarette an.

»Mensch, hör mit dieser ewigen Kettenraucherei auf. Du bist schon ganz grau im Gesicht.«

»Na und? Die Schönheitsarche fährt sowieso ohne mich ab.«

»Quatsch hier nicht 'rum. Du hast doch echte Chancen mit deiner Superfigur.«

Mona ist aufrichtig neidisch. Ihre schwarzen Augen ziehen sich zu Schlitzen zusammen. Das gibt ihr einen ziemlich exotischen Touch. Mona ist manchmal Bangkok direkt vor der Tür.

»Was soll ich denn sagen? Mit meinen Dellen in den Oberschenkeln.«

»Da mußt du vorher aber Mikroskope verteilen«, stichelt Line. Line fährt jedes Jahr mit Mona in Nacktbadeurlaub. Nur dieses Jahr will sie plötzlich nicht mehr. Sie hat gerade eine Bauchspiegelung hinter sich.

»Mein Nabel sieht inzwischen wie ein Blumenkohl aus. Total durchgewühlt. So traue ich mich nicht an den Strand. Höchstens im Badeanzug.«

Zornig wirft Line ihr langes Kastanienhaar zurück. Sie genehmigt sich zum Trost einen zweiten Whisky aus der Karaffe.

»Mein Bauchnabel ist noch das Schönste an mir«, mischt Christine sich ein.

»Wenn nur der Bauch nicht dranhing. Seit Weihnachten habe ich wieder gute fünf Kilo drauf. Trotz Trenndiät im Januar. Die blöde Kartoffeldiät im Februar hat auch nichts gebracht. März ist bei mir sowieso immer Fastenzeit. Und jetzt haben wir April. Immer noch fünf Kilo zu viel. Ich bin total am Ende.«

»Ist doch völlig egal«, versucht Mona Christine zu beruhigen.

»Mit dem Bauch kommst du eh nicht in die Arche. Auch nicht, wenn du deine fünf Kilo runter hättest. Hast du nicht den engen Eingang gesehen? Das ist wie mit dem Kamel und dem Nadelöhr. Kein Zugang für Dicke. Auch nicht für Bauchnabelgeschädigte, geschweige denn für Oberschenkeldellen- und Graugesichtfrauen.«

»Vielleicht hast du noch 'ne Chance.« Katja lehnt sich zu Maren hinüber, die zu allem geschwiegen hat, aber im Lampenlicht ganz passabel aussieht.

»Ich?« Das helle Entsetzen erscheint auf Marens Gesicht.

»Ihr habt keinen blassen Schimmer! Ich doch nicht!«

Maren hebt ihren geringelten Pulli hoch. Sie trägt weder Unterhemd noch BH. Sollte sie lieber! Erst jetzt sehen es alle. Natürlich, deshalb wollte sie nie mit in die Sauna. Um Gottes willen!

»Seht ihr«, Maren lächelt befriedigt. Gesehen haben es tatsächlich alle. Marens linke Brust ist leicht nach unten verrutscht. Bestimmt ganze drei Zentimeter. Mit Wasserwaage ließe sich das exakter vermessen.

»Warum trägst du denn keinen Wonderbra?«

»Mit Wonderbra fiel das überhaupt niemandem auf.«

»Geht nicht, der liebe Gott sieht alles.«

»Ja, verdammt, was bildet der sich eigentlich ein?« Jetzt kommt Wiebke endlich zum Zug.

»Wer weiß schon, wie der aussieht?«

»Du sollst dir kein Bildnis machen«, sagt Maren sanft. Maren war schon als Kind bibelfest.

»Es muß doch rauszukriegen sein, auf was der abfährt.« Wilma gibt niemals auf. Wilma wirkt immer auf Männer. Glaubt sie zumindest. Zugegeben, wenn sie alle Anmachtricks auf einmal einsetzt, klappt es zu 71,2 Prozent.

»Wir müssen genau wissen, wer 'reindarf. Vielleicht gibt es ja noch ein freies Plätzchen für uns, und wir regen uns hier umsonst auf. Der liebe Gott ist auch nur ein Mann. Schließlich ist er auf Maria hereingefallen.«

Wilma zieht ihre Lippen orangerot nach und probiert an der silbernen Zuckerdose ihren neuesten Schmollmund aus. Eigentlich müßte der den gestrengen Herrn oben im Himmel erweichen.

»Sag mal, was hast du da unten am Kinn? Ist das etwa 'ne Warze?«

»Eine? Zwei Warzen sind das. Keine Ahnung, woher die plötzlich kommen.«

»Hormonumstellung«.

Davon steht nichts in der Bibel.

»Quatsch, in meinem Alter. Ich bin doch erst Mitte vierzig.« Wilma schlägt die Hände vors Gesicht.

»Wahrscheinlich nicht schlecht, so ein Weltuntergang. Werden wir eben einfach hinweggespült. Mit zwei Warzen am Kinn, hat das Leben eh keinen Sinn.«

Da prusten sie los. Alle auf einmal. Katja, Line, Mona und Maren. Christine, Wiebke, selbst Wilma lacht unter Tränen.

Mit zwei Warzen am Kinn
Dickbauch ohne Sinn
Verkorkster Nabel ist schlimm

»Los, Katja, hol dein Saxophon 'raus.«

»Bist du verrückt! Ich vermassele mir mein Gesicht doch jetzt nicht.«

»Klar, Blasen macht schlechte Zähne.« Das war wieder kein Bibelzitat aus Marens Mund.

»Laßt den Blödsinn. Wir gehen uns den Kahn einfach mal anschauen.«

Line ist Energie pur.

»Au ja, wir nehmen die Axt mit. Ich hab' richtig Lust auf 'ne waschechte Schlägerei.«

Wiebke holt zum Karateschlag aus.

Mona hat ihre Oberschenkeldellen vergessen. Ihre Schwarzaugen ziehen sich so schmal zusammen, daß die meisten Sextouristen bei ihrem Anblick sofort umbuchen würden.

Wilma springt auf. Sie stößt dabei die silberne Zuckerdose um.

Christine leckt mit ihrem Zeigefinger die süßen Reste auf.

»Zuckerdiät.«

Sie freut sich.

Kurze Zeit später überqueren die Frauen die alte Eisenbahnbrücke. Vor ihnen liegt der Sameln-Ems-Kanal. Ganz weit hinten dümpelt die Arche.

»Wie die glitzert.«

»Alles Spiegelwände«, erklärt Wiebke. »Da hauen wir gleich mit der Axt 'rein.«

»Wie schön sich das Licht in den Spiegeln bricht.«

»Stellt euch das bei Abendrot vor.«

Die Frauen am Brückengeländer sind sich einig: »Mein Gott, ist die schön!«

»Selbst wenn die Sintflut nicht käme, ich möchte einmal in meinem Leben mit der Arche den Kanal 'rauf und 'runter fahren, von Sameln nach …, von Sameln direkt ins Meer.« Maren versinkt in Träumen.

»Das kannst du mit Sintflut auch ohne Arche haben.« Monas Stimme, nett und tröstlich wie immer.

»He, was sind das für schwarze Punkte da am Ufer?« Monas Kurzsichtigkeit kennt keine Grenzen, aber nicht für alles Geld dieser Welt würde sie eine Brille aufsetzen.

»Mensch, das sind Frauen.«

»Sämtliche Frauen von Sameln.« Katja hat neben ihrer Superfigur auch Superaugen.

Samelns Frauen sitzen am Kanalufer. Einige waschen ihr Haar, andere kneten sich Schaumtönungen ein oder pinseln Goldsträhnen auf Plastikhauben. Drei lackieren sich die Nägel. Eine legt ihren Freundinnen Algenmasken auf. Eine Alte sitzt nur so da und starrt in den Kanal. Olga, die Stadtmalerin, versucht, das Glitzern der Arche zu malen. Susanne steht mit dem Rücken zur Trauerweide. Sie spielt eine leise, wehmütige Musik.

»Hallo, Susanne. Wo sind eigentlich die Männer von Sameln?«

Susanne winkt mit ihrer Flöte. Die Sonne wirft Lichtpünktchen auf das Silbermetall.

»Die Männer? Die trinken ihr letztes Bier an Land, bevor sie sich auf die Arche verziehen.«

»Alle?«

»Klar, alle.«

»Auch Felix, die Säbelnase?«

»Auch Herr Schönemann? Mit den Schweißquanten?«

»Und Robby? Mensch, der hat doch kein einziges Haar auf der Brust.«

»Die haben Nerven«, sagt Line.

»Gesundes Selbstbewußtsein«, sagt Katja.

»Wir müssen auf jeden Fall vor denen da sein.« Wiebke rennt bereits los.

Und da ziehen sie am Kanalufer entlang, die Schönheitsfängerinnen von Sameln. Susanne geht an der Spitze des Zuges. Ihre Flötentöne locken immer mehr Schönheiten an. Mona wirft exotische Blicke bis zum Horizont. Lines Kastanienhaar flattert im Wind. Katjas Figur spiegelt sich im Wasser. Maren streift beim Laufen ihren geringelten Pulli ab. Ihre Haut ist leicht sonnengebräunt. Die Nippel stehen in Richtung Arche. Christine läßt ihren Bauch wippen. Wilma vergißt den lieben Gott und die Männer. Wiebke geht in Angriffsstellung. Olga klappt die Staffelei zusammen. Den letzten Glitzerschliff kriegt das Bild sowieso erst auf der Arche.

Die Frauen folgen dem Zug. Mit halb aufgetragenen Masken, mit unfertiger Schaumtönung. Susannes Musik können sie nicht widerstehen. Schneller und schneller laufen die Frauen.

Da liegt die Arche. Das Signallicht am Schiffshebewerk steht warnend auf Stop. Es sieht aus, als glühten die Spiegelwände der Arche von innen. Auch ohne Abendrot.

»Nicht hineinschauen«, warnt Katja. »Ihr wißt doch: Spieglein, Spieglein an der Wand ...«

Aber es ist schon zu spät. Die Frauen stehen vor ihrem Spiegelbild und schauen es an.

Niemand spricht. Eine seltsame Stille liegt über dem Kanal, die nur von einem leisen Sirren und Flüstern in der Luft unterbrochen wird. Eine Wildente landet auf der Fahnenstange der Arche. Susanne setzt erneut die Flöte an ihre Lippen. Wiebke tritt die Archentür ein. Die Frauen besetzen das Schiff.

»Die Anker hoch«, ruft Line.

Maren hißt schon die Fahne.

»Das ist die ›Santa Maria‹.«

»Ablegen.« Mona übernimmt das Kommando.

Die alte Frau, die dem Zug langsam gefolgt ist, löst die Leinen. Ein Ruck geht durch die Arche. Da gibt sich die Alte auch einen Ruck, nimmt Anlauf und springt. Christine und Wiebke ziehen sie an Bord.

»Und was wird aus den Männern?« Wilma blickt sehnsüchtig ans sichere Ufer zurück.

»Nach uns die Sintflut.« Maren lacht und stellt sich als Galionsfigur in Positur.

Fast sieht es so aus, als sei ihre linke Brust inzwischen ein kleines bißchen weiter nach oben gerutscht.

WARUM IST BARBIE BLOND?

Gisela Schalk

Haben nicht alle Prinzen und Prinzessinnen im Märchen goldene Haare? Da mögen die Wissenschaftler noch so viel von »symbolhaften Königsattributen« sprechen und auf die Heiligen und ihren »Heiligenschein« verweisen, ich glaube ihnen nicht. Ein Blick auf die europäischen Königshäuser genügt: fast alle Majestäten blond. Der spanische König etwa ein feuriger, dunkler Südländer?

In den meisten illustrierten Märchen und Kindergeschichten sind die Guten und Klugen hellhäutig und blond. Augen, Haare und Haut der Unholde sind so dunkel wie ihre Seelen. Schneewittchen ist eine wohltuende Ausnahme. Und die glutäugigen, schwarzhaarigen Helden, von denen ich als junges Mädchen geschwärmt habe, waren deshalb so interessant, weil ich mit dem Dunklen etwas Faszinierendes verbunden habe, das vielleicht böse, auf jeden Fall aber gefährlich war.

Heilige und Helden dagegen, zum Beispiel den Erzengel Michael mit dem Schwert, Held und Engel in einer Person, habe ich nie anders gesehen als mit schulterlangem blondem Flatterhaar. Ein schwarzhaariger Erzengel als Wächter vor dem Paradies? Undenkbar!

Die schönsten Gestalten meiner Kindheit waren groß und blond. Die olympische Fackelträgerin auf dem Fotobildband »Menschenschönheit«,

Marlene Dietrich über dem Radio in der Küche, der Schutzengel über meinem Bett. Ja, und meine Mutter, der ich so gar nicht glich. Ihr metallisch zwischen Silber und Gold schimmerndes Haar muß für sie eine wichtige Rolle gespielt haben. Als es in dem Alter, wo andere Haare grau werden, ins Dunkelblonde changierte, half sie – von Mal zu Mal heftiger – mit Wasserstoffsuperoxyd nach.

Zu der Zeit, als mir zum ersten Mal bewußt wurde, was die Menschen in meiner Umgebung für gut und böse, schön und häßlich hielten, war das Naziregime gerade zu Ende gegangen. Sein Gedankengut waberte aber noch lange Zeit danach durch Lehrerhirne und Bücherschränke. Zu Hause stand die erwähnte »Menschenschönheit« im Wohnzimmerschrank und predigte in eindringlicher Bildersprache die Überlegenheit der hellhäutigen Blonden über alles Dunkle. Und die eigene Anschauung fehlte. Ein dunkelhäutiger Mensch in unserer friesischen Kleinstadt wäre damals eine Sensation gewesen.

Anfang der siebziger Jahre litt ich an einer merkwürdigen Krankheit. Jeden Samstagmittag sank mein Selbstbewußtsein auf den Nullpunkt. Genauer gesagt, immer wenn ich im Toom-Markt in Heusenstamm einkaufen ging. Jedes Mal kam ich völlig niedergeschlagen zurück.

Ich war damals jung verheiratet und dieses allwöchentliche Elend störte nicht nur mich, sondern auch Harald. Er wollte eine Erklärung. Zunächst zögerte ich – wer gibt seine Schwächen gern zu –, aber irgendwann kam es raus: »Alle Frauen sind groß und blond und schön, nur ich nicht.«

Er war sprachlos. Verblüfft fixierte er mich aus zusammengekniffenen Augen. »Guck aus dem Fenster«, sagte er schließlich, »was siehst du da? Kleine dunkle Frauen, große dunkle Frauen, kleine blonde Frauen, viele für meinen Geschmack zu dick oder zu dünn, ab und zu siehst du auch mal eine große Blondine. Und diese wenigen Exemplare sollen sich ausgerechnet am Samstag vormittag im Toom-Markt verabredet haben?«

Es war aber so. Jeden Samstag mußte ich es zur Kenntnis nehmen. Vor allem an der Käsetheke, wo der Andrang immer groß war, fielen mir die großen blonden Frauen unangenehm auf. Und nicht nur, daß sie viel schöner waren als ich, sie waren auch viel klüger. Während ich meinen Käse mit ›der da hinten‹ und ›das kleine Stück hier vorn‹ auswählte, orderten sie selbstverständlich den Greyerzer, den Bresse bleue, den Chaumes und den St. Albray.

Ja, das hatte ich doch schon immer gewußt. Wen der liebe Gott verwöhnen wollte, den hatte er klug, groß und blond werden lassen, mit einer bronzefarbenen Haut und silbern bis gold schimmernden Haaren.

Für meinen Kummer an der Heusenstammer Käsetheke war Harald der denkbar schlechteste Adressat. Er war in Südhessen aufgewachsen, mitten in der amerikanischen Besatzungszone. Was immer im Bücherschrank seiner Eltern stand – es war nur Papier. Draußen auf den Straßen traf er lebendige GIs, weiße, braune und schwarze Soldaten mit ihren Familien. Im direkten Vergleich haben die dunklen Schönheiten die hellen geschlagen.

Er versteht bis heute nicht, was seine Geschlechtsgenossen an Claudia Schiffer, Brigitte Bardot und anderen Blondinen finden. Wenn schon, dann träumt er von einer dunklen Südamerikanerin oder von einer glutäugigen Mittelmeerschönheit. Blonde findet er fad.

Aber warum ist Barbie blond? Warum krabbeln im Katalog eines schwedischen Möbelherstellers nur blonde Kinder über die Kiefernmöbel? Ganz zu schweigen von Frau Antje …

Zurück nach Heusenstamm. Irgendwann nervte meine Samstags-Depression Harald so sehr, daß er mitkam. Er wollte mir an Ort und Stelle beweisen, daß ich mir etwas einbildete. Doch was sah er, an der Käsetheke in Heusenstamm? Viele große, blonde Frauen!

Aber er sah auch etwas anderes. Er sah steife, besonders weiße Blusen. Und er entdeckte einen dunkelblauen Rock, der ihm zu denken gab.

Irgendwann war das Rätsel gelöst. Heusenstamm liegt in der Nähe des Frankfurter Flughafens. Die Lufthansa hatte hier für ihr Personal Appartements gemietet. Es waren die Stewardessen, die mir beim Einkaufen meine Ruhe geraubt hatten.

Eine Erklärung, aber kein Trost. Wieder einmal waren die großen Blonden auserwählt worden.

Stewardess war damals der Traumjob, und Brünette waren in diesem Traumjob nicht vertreten.

Der Trost kam später. Unerwartet, vor dem Spiegel eines Friseurs, der auch Perücken anbot. Ich konnte silberblond werden. Endlich war es soweit. Ich griff zu.

Ungläubig starrte ich auf das, was mich blaß und fade aus dem Spiegel ansah. Darauf paßte all das, was auch mit dem Wort ›blond‹ in Verbindung gebracht wird, was ich aber nie hatte wahrnehmen wollen: Unschuld vom Lande, Gänseliesel, blond aber blöd. Ein dummes Gretchen sah ich, das blauäugig auf jeden Schurken hereinfallen würde. Ich war ernüchtert und gleichzeitig wütend. Ich beschloß, mich mit sämtlichen Blondinenwitzen zu versorgen. Aber dann fiel mir Beate ein, meine beste Freundin. Blond. Entsetzt riß ich die Perücke vom Kopf und stülpte mir eine andere über.

Wieder starrte ich ungläubig auf mein Spiegelbild. Das Rot stand mir. Unerwartet gut stand es mir. Aber – es unterschied sich von meiner natürlichen Farbe nur um Nuancen.

In diesem Moment fiel es mir leicht, an einen göttlichen Designer zu glauben, der jeden Menschen so geschaffen hat, wie es zu ihm paßt.

SCHÖN WIE

Gisela Schalk und Sabine Wedemeyer

schön wie die Dauerwelle von Gottschalk
    wie Liebesperlen
    wie das Mädchen von Seite 1

schön wie ein kaltes Buffet
    wie Gartenzwerge
    wie die rote Sonne bei Capri

schön wie Fischballett im Korallenriff
    wie betaute blaue Pflaumen
    wie eine Harfe

schön wie springende Delphine
    wie die Ohren von Mr. Spock
    wie ein Tiger

schön wie Menschen im Dreivierteltakt
    wie Seifenblasen
    wie ein Pferdchenkarussell

schön wie ein Schweizer Uhrwerk
    wie Samt und Seide
    wie Feuerwerk

schön wie pinke Seidenshirts
    wie eine Harley-Davidson
    wie ein Wasserfall

schön wie ein Tropic-Eisbecher
   wie Regenbogen
   wie das Bernsteinzimmer

schön wie eine Hochzeits-Barbie
   wie Schneekristalle
   wie ein Luftballonverkäufer

schön wie ein Schloß aus Perlmutt
   wie Brillanten
   wie ein Sonnenblumenfeld

schön wie Wunderkerzen
   wie viele bunte Smarties
   wie ein trauriger Clown

schön wie Burgunder in Bleikristall
   wie Dortmund bei Nacht
   wie ein beleuchteter Plastiktulpenstrauß

schön wie Frauenbrüste
   wie eine bayrische Krippe
   wie schwarzes Leder

schön wie Wedelkurven im Tiefschnee
   wie Glasmurmeln
   wie Mona Lisa

schön wie ein Zuchthengst
   wie Nachmittagssonne im Bierglas
   wie ein Spiegelsaal

schön wie Blut und Schnee und Ebenholz
    wie ein Rolls-Royce-Silvercloud
    wie ein knackiger Männerarsch

schön wie Neuschwanstein – schön wie wir!

HESSISCHE TIRADEN

Aiga Seywald

Eigentlich wär ich ja liewer en Bub gewese. Buwe hawwe so viele Vorteile. Später hab ich gedenkt, ich hätt mich ganz gut abgefunde mit meiner Weiblichkeit. Awwer kürzlich is mir aufgefalle: Ich hab mich noch nie geschminkt.

Wisse Se, da komm ich morjens ins Bürro, und die Sekretärin frägt mich: »Wie fühlen Sie sich heute?«

Wahrheitsgemäß sag ich »Wie ausgekotzt«, und die antwort mir doch glatt: »Das sieht man Ihnen an.«

Und dann hat sie noch gemeint, en kleine Griff ins Schminkdippche tät dadegege manchmal Wunder wirke.

Ei, gehn Se mir fort, was dann noch all?

Erstens: Die Zeit, die des koste tut! Und dann isses doch auch eifach ungerecht: Männer müsse sich net schminke, die dürfe aussehe, wie Gott se geschaffe hat.

Zweitens: Die Aasprüch an die Fraue, die wer'n ja von Jahr zu Jahr grauseliger! Sie, des is Folter! Wenn mir des net freiwillig mitmache täte, ei, des wär ja en Fall für Amnesty International!

Also ich – ei, ich bin ja schon zu feig für Löcher in die Ohrläppche – ei, ich tät mich doch net pierce lasse! Oder mit heißem Wachs die Haar abroppe. Geschweige denn Fett absauge oder Schlupflider lifte. Ich weiß sowieso net, was Schlupflider sin. Sin des so Schlafzimmerauge? Ei, die find ich sexy!

Un üwwerhaupt: Ich bin nämlich egomanisch.
Sie wisse net, was des is? Ei, passe Se uff. Egomanisch, des is, wann Ihne Ihr eige Person des Interessanteste uff de Welt is. E Frau, die wo mich aaguckt un mir zuhört, ei, die könnt alles von mir hawwe. Nur immer schö gucke und zuhörn! Ei wann die mich alsfort aaguckt, ei da find ich die sowas von schö, ob des jetz grüne oder rote Auge sind oder ob se e halb Pund Tränesack drunter hänge hat oder zwei Dutzend Krähefüß drumrum, ei des spielt doch kei Roll. Hauptsach, die find mich spitze un hört mer brav zu. Nur selwer redde derf se net zuviel.

Erstens üwwerhaupt: Weil wann sie redd, hört se mir net zu. Un zweitens, weil bei Stimme, da bin ich nämlich sehr viel empfindlicher als bei dene optische Schönheitsfehler. Wann die so e schrill kreischend Stimm hat, oder sie babbelt ganz schnell und hektisch – Sie, des is Stress. Früher war ich höflich, da hab ich still gelitte. Heut mach ich, daß ich fortkomm.

*

Sie, hawwe Sie sich schon emal umbringe wolle? Ja? Dann werr'n Se ja wisse, uff was ich hinauswill. Des is nämlich gar net so eifach, und vor allem die Ältere unner uns, die wo des schon probiert hawwe, bevor damals die Selbstmörderfibel erauskomme is, werr'n wisse, was ich mein.

Also erstens, die Methode soll sicher sein. Aus'm vierte Stock hüppe und im Rollstuhl widder uffwache, ei da müßt mer ja blöd sei. Und aus'm 20. Stock hüppe: Ja wie sieht mer dann da hinnerher aus?

In de Kopp schieße, da sin manche schon blind von geworr'n. Un wann de e Großkaliber nimmst, has'de widder des Problem, daß die Leich eifach ned vorzeigbar is.

Früher, da hawwe die Leut sich ganz simpel uffgehängt, in de Scheuer oder uffem Dachbode, und sich kei Gedanke drüber gemacht, wer se find und was der für'n ästhetische Schock devonträgt. Die Brigitte, die Friseuse bei uns im Ort, die is in de Sylvesternacht ziemlich fröhlich heimkomme, un uff eimal meint se, sie is im Delirium tremens; awwer ihr'n Wolfgang, der Kantinekoch, hat wirklich da gehange. Na ja, wer weiß, was die für e Eh geführt hawwe; ihm war's vielleicht ganz recht, daß se sich so erschreckt hat.

*

Sie, also des, daß die Partner schö sei misse, des is ja Quatsch. Verknalle kann mer sich ja in alles. Awwer: vorzeige. Des isses. Vorzeige kann frau halt nur die, uff die se auch stolz sein kann.

Also, wann der Partner klein und dick is, awwer Staatssekretär oder Aufsichtsrat: alles o.k. Er kann auch ruhig Playboy sein, awwer halt einer mit Segelyacht und Money, net wahr. Wann er genauso aussieht un vom Awweitsamt lebt: Ach du liewes bißche!

*

Sie, kenne Sie noch de Konrad Lorenz?

Konrad Lorenz, des war der Verhaltensforscher mit dem schöne gestutzte Bart, der wo junge Graugäns aufgezoge hat, und die sin dann alsfort hinter ihm hergedackelt und hawwe gedenkt, er wär ihne ihr Mutter. »Prägung« hat mer des geheiße. Ja und der, der hat nämlich auch die »Verhausschweinung« des Menschen erfunde. Verhausschweinung, also, des is, wann Sie e Figur kriege wie e Muttersau.

Den Aufsatz hat er schon Anfang der 40er Jahre geschriebe. Er hat da e ziemlich bedenklich Theorie vertrete. Es ging nämlich um den Zusammenhang von Schönheit und Fortpflanzung. Er hat gemeint, durch die Verhausschweinung wär die »Zuchtwahl« beim Mensche so ziemlich uff de Hund komme: Die ganze sportliche junge Männer werr'n im Krieg geopfert, und die alte Knakker, die wo mit Plattfüß deheim in ihre kriegswichtige Firmen gebliwwe sind, die pflanze sich fort und kriege lauter plattfüßige Nachwuchs.

Na ja, gucke Se mich aa, ich bin '45 geborn, an dere Theorie is was draa.

Ja, aber des eigentlich Interessante an dere Theorie, des is, wer wem warum gefällt.

Zum Beispiel mein Verlobte – gell da gucke Se,

awwer ich war wirklich mal verlobt – also der hat O-Bein gehabt. Und blaue Auge. Und ganz krusselige Haar. Struppi hat er geheiße. Ja, und ich: braune Auge, glatte Haar, und X-Baa. Seh'n Se? Die Kreuzung hätt wahrscheins braune Auge gehabt, die sind nach Mendel dominant, und völlig grade Baa! Schad, daß nix draus geworde is!

BELLADONNA

Sabine Wedemeyer

Klack-Klack-Klack-Klack – solche Schuhe trug sie sonst nicht. Unauffällig, war ihre Devise, zurückhaltend und damenhaft, aber solche Schuhe? Egal, wie schnell oder langsam, immer klangen solche Absätze hektisch, wie auf der Flucht. Weibchenstöckel, blöde! Sie hätte das niemals ernst nehmen sollen!

In der Schaufensterspiegelung riskierte sie einen Seitenblick, begegnete ihren eigenen Augen und guckte schnell wieder weg. Vielleicht sollte sie lieber umkehren? Das konnte doch nur ein Scherz sein.

Im Licht der nächsten Straßenlaterne blieb sie stehen und suchte in ihrer Handtasche nach dem Brief.

Rotes Papier. Sie erinnerte sich, wie es sie angeglüht hatte. Fast verschwörerisch. Vierzehn Tage war das jetzt her. Viel Zeit für ihre inneren Stimmen, die sie nicht in Ruhe ließen mit gemeinen Sticheleien.

Sie faltete den Brief auseinander, hielt ihn ins Licht. Hier im Neonblau wirkte das Rot frostig. Auch die sieben grünen Sterne in der oberen Ecke hatten es aufgegeben, zu tanzen und ihr zuzuzwinkern.

»Wünsche werden wahr! Persönliche Einladung zur Nacht der Schönen Frauen!«

Schöne Frauen! Also, da kannst schon mal du nicht gemeint sein.

Da, schon wieder! Sie zog ihrem Spiegelbild im Schaufenster eine Fratze.

Mit der Nase und den dicken Augenbrauen! Komm mal wieder auf den Boden zurück, Greta Neumeier! Nicht jede, die Greta heißt –

Ihr Spiegelbild streckte ihr die Zunge heraus.

Sie ging trotzdem weiter. Neugier war nun mal eine ihrer starken Seiten.

»BELLADONNA« stand auf der Einladung. Was das wohl für ein Schuppen sein mochte?

Als Greta die Ecke erreichte, sah sie ein goldenes Flimmern. Eine Disco? Gerade hielt die Straßenbahn. Und da stiegen eine Menge Leute aus. Greta suchte ihre Brille. Gut, daß sie sich doch entschieden hatte, sie einzustecken.

Nur Frauen, tatsächlich!

Einige von denen kamen ihr bekannt vor. Die Dicke da vorne, war die nicht Kassiererin im Konsum Ecke Bergstraße? Und die neben ihr, mit den knallroten Haaren und der unmöglichen Dauerwelle, die sah sie manchmal gegenüber die Fenster putzen. Und der kleinen dürren Blonden gehörte die Apotheke am Markt. Insgesamt waren es etwa zehn. Und die steuerten tatsächlich dieses goldene Flimmern an!

Sie sah, wie die Frauen stehenblieben, sich gegenseitig anstießen. Schließlich tauchte eine nach der anderen in dieses Licht ein und verschwand. Dann stand sie selbst davor.

Greta schluckte. Sie hatte so etwas wie einen Kinoeingang erwartet. Aber das da? Sie spürte ein Kribbeln um die Nase und ihre Handflächen wurden feucht.

Mensch, Greta, mach, daß du wegkommst, noch kannst du!

Aber sie rannte nicht weg. Sie starrte auf das flimmernde Licht vor ihr.

Da war kein Gebäude. Nur ein Brunnen mit einem großen flachen Becken und mittendrin eine Art Portal, aus dem ein Wasservorhang rieselte. Das Wasser wurde von hinten angestrahlt, daher dieses goldene Flimmern. Aber die Hausnummer an dem Portal stimmte. Und Greta war sich sicher: eben war die Fensterputzfrau durch das Wasser gewatet und hinter dem Vorhang verschwunden. Ihre komischen roten Löckchen hatten einen Moment wie richtiges Feuer geglüht, dann war sie weg.

Gretas Rücken versteifte sich. Da durch? Viel zu kalt, gerade erst März, da bekam sie bestimmt wieder ihren Ischias. Außerdem stand sie nicht auf Märchen, und das da sah ihr verdammt nach Goldmarie und Pechmarie aus. Sie seufzte. Hätte sie sich die Extra-Schminkerei und die unbequemen Schuhe sparen können. Und den ersten Abend vom China-Kochkurs in der Volkshochschule hätte sie auch nicht verpaßt.

»Ja, ist das denn die Möglichkeit? Greta Neumeier! Oder heißt du inzwischen anders?«

Greta fuhr herum. Noch so eine angebliche Schönheit: Eine schwarze Zottelmähne erdrückte ein kleines spitzes Gesicht, mittendrin ein brombeerroter Mund.

Nein, dieses Gesicht sagte ihr nichts. Aber die Stimme? Greta suchte in ihren Erinnerungen, weiter zurück, noch weiter – Realschule! Sylvia – nein, Silke!

»Silke Michalski?«

Der fremde Brombeermund lächelte und wurde ein wenig vertrauter, das Gesicht nickte, daß die Zotteln flogen. »Jetzt Silke Wagner. Aber nicht mehr lange. Du hast auch so 'nen Brief bekommen, oder?«

Greta sah den Blick der anderen an sich rauf- und runterwandern. Irrte sie sich, oder guckte die wirklich so abschätzend?

»Greta, den Brief muß uns 'ne gute Fee geschickt haben. Besser als Vitaminspritzen! Die letzten Jahre hat mein Oller nicht gerade dran gebastelt, mein Selbstbewußtsein zu stärken. Aber jetzt ist Schluß mit dem. Ehrlich!« Wieder grinste sie. »Ich kann's gar nicht abwarten. Tschüß. Wir sehn uns drinnen!« Und schon hatte sie die Schuhe in der Hand und platschte mit einem Quiekser durchs Wasser, auf den Vorhang zu. Goldene Perlenschnüre streiften über ihre Schultern, kämmten durch die schwarzen Zotteln, und weg war sie.

Erstaunt stellte Greta fest: Auch sie hatte ihre Schuhe in der Hand, die mußten sich von selbst ausgezogen haben. Kälter als der Bürgersteig konnte das Wasser auch nicht sein. Und überhaupt, wenn Silke das schaffte …

Drei Stufen, dann stand sie auf dem Beckenrand. Vorsichtig tauchte sie eine Fußspitze ein. Das war ja warm! Nichts wie rein!

In dem Becken perlten goldene Bläschen. Das Wasser prickelte und kitzelte an ihren Beinen. Greta lachte. Vor dem Vorhang zögerte sie kurz, dann zog sie die Schultern hoch und tauchte Kopf voran in den glitzernden Wasserfall.

Greta blinzelte, rieb sich die Augen. In der schmuddeligen Altstadtstraße, die sie hinter dem Brunnen hatte sehen können, war sie nicht angekommen. Das Wasser im Becken, das mußten Zauberperlen gewesen sein! Sie war überhaupt nicht naß geworden.

Um sie herum ein Wirbel von Farben. Musik, bunte Lichter und tanzende Frauen. Und was für Frauen! Bernsteinäugige Raubkatzen mit glänzendem Fell, wüstenfarbig, gestreift, gefleckt oder irisierend schwarz, dazwischen Venus und eine muskulöse Diana mit Pfeil und Bogen, das Haar waldzerzaust, Nixen mit schillernder Schuppenhaut, grüngolden gefiederte Vogelfrauen, silberne Weltraumamazonen in Raketenstiefeln ...

Durch die Tanzenden zuckte ein schwarzer Blitz, dann stand eine Hexe vor ihr.

»Wahnsinn!«

Grüne Augen blitzten Greta amüsiert an. Aus der wirren Nachtmähne sprühten Funken. Raubtierfangzähne, umrahmt von Brombeerlippen. Miß Walpurgisnacht!

»Silke? Wow!«

Die Hexe nickte, sie wirbelte einmal um sich

selbst. »Alle Achtung, Greta, du bist aber auch nicht ohne!«

Greta sah an sich herab: ein Hemd mit weiten, bauschigen Ärmeln, knallenge Samthosen mit Goldtressen, breiter Gürtel mit schwerer Schnalle und Stulpenstiefel.

Sie tastete nach ihrem linken Ohr. – ›Wünsche werden wahr‹, hatte in dem Brief gestanden. – Ja, wirklich, ein großer runder Ohrring! Über den Degen an ihrer Seite wunderte sie sich gar nicht mehr.

»Siehst du Klasse aus! Echt powermäßig! Long Greta Silver!«

Greta grinste Silke an, so unverschämt, daß Errol Flynn und Douglas Fairbanks neben ihr zu elenden Landratten degradiert worden wären.

»Na, dann: Auf ins Gefecht!«

Die Fensterputzfrau schritt vorbei. Greta hätte sie fast nicht wiedererkannt, sie hatte Feuerhaare bekommen. Die Frau glühte wie eine tropische Abendsonne. Aus ihren Flammenlocken lösten sich von Zeit zu Zeit orange und rot leuchtende Schmetterlinge und folgten ihr wie ein Funkenschleier.

Eine zarte Luftgestalt schwebte in das rote Glitzern hinein, halb Tinkerbell, halb Peter Pan.

»Hallo, Piratin! Wollen wir tanzen?«

Es war die Apotheken-Elfe. Greta tanzte in dieser Nacht noch ein paarmal mit ihr oder sie fochten Scheingefechte aus.

Gegen Morgen traf Greta Silke an der Bar. Die mächtige Göttin, ein paar Plätze weiter, das mußte die Kassiererin vom Konsum sein. Sie hatte sich einen der wenigen Männer auf den Schoß gesetzt, die hier zur Dekoration herumliefen oder Speisen und Getränke servierten. Gerade drückte sie seinen Lockenkopf an ihren Prachtbusen.

Silke zwinkerte kurz zu dem Paar hinüber, dann zeigte sie Greta lachend ihre spitzen Zähne.

»Mit dem Kleinen vorhin, also echt, das war super.«

Beide prusteten los.

Der Kleine. Irgendwann in der Nacht war er Greta aufgefallen, weil er sie an den blonden Dressman erinnerte, den Sachbearbeiter in ihrer Bank. Sie hatte ihn mit ein paar gezielten Degenhieben ausgezogen. Neugier. Ohne Klamotten sah er dann doch nicht so toll aus, und sie hatte ihn Silke überlassen. Die schlug ihm zur Probe die Fangzähne in den Hintern und winkte dann auch ab. Was weiter mit ihm geschah, hatte Greta nicht beobachten können. Da waren immerhin diese Raubkatzen auf dem Fest. Möglich, daß er aber auch an Venus geraten war. Greta gönnte es ihm. War eigentlich doch ganz niedlich gewesen, der Kleine.

Sie setzte sich mit einem zufriedenen Seufzer auf den Hocker neben Silke und pfiff auf zwei Fingern nach dem Barmann. »Zwei Bloody Marys, Süßer!«

In der Spiegelwand hinter der Bar sah sie ihr Bild, mit Federhut, römischer Nase und markanten Augenbrauen. Eigentlich hatte sie sich gar nicht verändert. Bis auf dieses Glitzern in den Augen ...

SCHÖNTÖNEREI

Gisela Schalk und Sabine Wedemeyer

schillern	betören	Nächte
schimmern	beschwören	Nebel
schweben	erhören	Nymphen
schlafen	dösen	Nelken
schlemmen	frönen	Nanas
schmachten	stöhnen	Nüstern
schlampern	klönen	Nixen
schmelzen	vögeln	Nougat
schmatzen	föhnen	Nähe
schmiegen	Löwe	nackig
schminken	Schmöker	niedlich
schmollen	Möse	nobel
schmücken	graziös	naschen
schmusen	skandalös	nuckeln
schmausen	deliziös	necken
schwimmen	entblößen	naturnah
schwofen	gewöhnen	Nirosta
schwelgen	schöntönen	Nirwana

WARUM OBEN OHNE
UND UNTEN PUMPS?

Ellen Widmaier

Geschätzte Damen!

Mein Name ist Eva Tamara Krawatzki-Müller und ich begrüße Sie im Namen unseres Teams vom Beauty-Studio Ruhr/Paris/New York/Tokio.

Wir alle sind qualifizierte Schönheitsberaterinnen mit dem Abschlußdiplom der Bundesakademie für angewandte Ganzkörperästhetik und Absolventinnen des Schönheitsstudienganges an der Harvard University sowie der Ecole Supérieure pour la beauté du premier et deuxième sexe.

Sie sind gekommen, um einen kleinen Einblick in die Vielfalt unserer Tätigkeit zu gewinnen und Anregungen für Ihr ganz persönliches Schönheitsprofil mit nach Hause zu nehmen. Ich biete Ihnen einige Tips, Hinweise und Ratschläge. Mehr können Sie bei diesem Preis nicht erwarten, woll?

Haben Sie keine Scheu, fragen Sie, wenn Ihnen etwas auf dem Herzen liegt, meine Damen. Ich komme aus Dortmund-Derne. Und nennen Sie mich einfach – Tamara!

Wie Sie sehen, trage ich Pumps.

Warum Pumps, fragen sich einige Damen. Ich lese es in Ihren konzentrierten, um nicht zu sagen, strengen Gesichtern.

Die Antwort ist einfach. Als Orientierung Nummer Eins im Problemfeld Schönheit läßt sich folgende Faustregel bestimmen: Wählen Sie immer das kleinere Übel!

Wie Sie sehen, bin ich klein. Zu klein nach internationaler DIN-Norm. Trotzdem habe ich mich gegen Implantate entschieden. Verlängerungschirurgie, speziell Bein-Implantation, ist ja nicht ohne Restrisiko. Die Silikon- und Knochenmasse arbeitet, wandert ab und erscheint als Horn an der Stirn. Oder verdickt sich im Leistenbereich. Diese Menschen sind dann sehr unglücklich, zumal, wenn es zu unfreiwilligen Geschlechtsverwechslungen kommt.

Pumps mögen unbequem sein, doch wir geben zu bedenken: Tagsüber im harten Konkurrenzkampf sind Stöckelschuhe ideal für die kleine Frau. Der Name kommt von Stock und hat etwas Einschüchterndes.

Männern gegenüber sollten Sie immer in Sichthöhe agieren, Blickkontakt suchen, aber niemals emporschauen. Wenn der Mann zu weit nach unten schauen muß, wird er leicht überheblich. Das muß nicht sein.

Auch nachts hat so ein Hackenschuh schon gute Dienste geleistet.

Sie kennen ja diese Schrittgeräusche. Harte Westernstiefel knapp hinter Ihnen, und das schon seit der dritten Querstraße. Der Typ nimmt alles persönlich und glaubt, Sie haben sich die geilen Schuhe für ihn gekauft.

O.K., zeig ihm, daß er sie haben kann!

Zum Kombinieren mit dem Hackenschuh eignet sich besonders die top-aktuelle Henkelhandtasche.

Also: Der Typ ist jetzt knapp hinter Ihnen. Was ist zu tun?

Sie bleiben plötzlich stehen, drehen sich um und nehmen Kontakt mit ihm auf, zum Beispiel so:

»Ey, du abgewichster Schleimbeutel, jetzt gehst du vor, aber flott, sonst gibt's was vor die Eier.«

Um Ihren Worten Nachdruck zu verleihen, schwenken Sie die Henkelhandtasche.

Machen Sie die große Arm-Radius-Schleuderbewegung, und schön weich in den Knien abfedern!

Bei Problemen im Schulterbereich besuchen Sie vorher unseren Anti-Rheuma-Kurs!

Auch ein Hufeisen in der Tasche kann nicht schaden. Das bringt Glück.

Haben Sie kein falsches Mitleid mit dem Mann, wenn er nicht spurt.

Ein Nasenbeinbruch wird heutzutage ambulant behandelt, die kosmetische Chirurgie arbeitet mit geschlossener Technik ohne sichtbare Narbenbildung im Höckerbereich.

O.K., Baby. Jetzt hast du deinen Frust abgelassen. Du kommst nach Hause als sanftes Lamm und dein Willi kann den Wolf spielen, der Pushup ziert den Kronleuchter, und ihr habt endlich mal wieder Spaß im Bett, woll?

Deshalb: Pumps!

Sie erkennen, meine sehr verehrten Damen, was Sie schon immer wußten:

Das Thema Schönheit ist eng verknüpft mit dem Thema Erotik. Hier gibt es keine Einbahnstraße. Wer schön ist, wird auch begehrt – ja. Und umgekehrt: Gute Erotik macht schön.

Sie können also auch mit der Erotik anfangen. Auf diesem Markt hat sich viel getan in den letzten Jahren.

Nehmen wir zum Beispiel die Aero-Sexuellen.

Ja bitte, eine Zwischenfrage? – Jawohl, Äro von Luft, nicht von Äros!

Die Aero-Sexuellen sind aber nicht die, die sich in Luft auflösen, wenn es erotisch zu werden droht. Nein! Wir finden sie vielmehr unter den Drachen- und Segelfliegern, bei den Fallschirm- und Bungeespringern.

Hierfür wurde die ›eigen-willige‹ Gleitmittel-Erotik entwickelt. Ganz ohne Chemie. Verbessern Sie die Frauenquote in diesem Bereich, meine Damen!

Glauben Sie mir, es ist wunderbar!

Schweben und fliegen – mühelos hebst du ab, dein Freund ist der Wind, er fragt nicht, wie alt du bist, du treibst es, solange du willst … na ja, manchmal macht er schlapp, der wird ja auch nicht jünger …

Überhaupt hat die Luft viel mit Erotik zu tun. Genauer gesagt, das Atmen. Erwerben Sie Treuepunkte für die Teilnahme an unserem nächsten Crash-Kurs »Atmen und aero-erotische Chakrenarbeit«!

In west-östlicher Innenschau erfahren Sie pünktlich zur Jahrtausendwende den Evolutionssprung in Ihrem Liebesleben. Die Öffnung der Inneren Flöte. Die Selbststeuerung aller Energieströme. Sie erfahren den Einfluß der Atmung auf die beliebige Steigerung der Anzahl der Zwischengipfel bei gleichbleibender Erregungsmenge!

Wir wissen heute: Die Frau wie Sie braucht den belebenden Akt, nicht nur den börsentauglichen Aktenkoffer. Das ist das Ergebnis einer Untersuchung an 13 000 freiwilligen Probandinnen im Alter von 18 bis 88 Jahren.

Erotik und Karriere im Doppelpack: Das macht schön!

Dazu ein kleiner Tip am Rande: Machen Sie keine Kompromisse mit Bewerbern, die Ihrer Schönheitsnorm nicht entsprechen. Ersparen Sie sich Frust und Ärger! Der Trend geht ja überall zum Sparen, woll? Und die Erfahrung hat gezeigt: Die verschlankte Nullstellung ohne Partner ist auch beim Sex das kleinere Übel.

Wenn es bei Ihnen mit der Erotik nicht so weit her ist, weinen Sie nicht. Nicht alle Tränen sind Schönheitstränen. Weinen Sie nie, weil eine andere Frau schöner ist als Sie. Das ist kontraproduktiv, wie Sie wissen. Auch Weinen will gelernt sein. Bei uns lernen Sie, falsche Tränen zu vermeiden. Sie lernen, entspannt und locker zu weinen. Die pflegende Nachbehandlung des Gewebes im empfindlichen Unterlidbereich ist im Preis inbegriffen.

Weinen Sie mehr als hundert mal pro Woche und weniger als einmal pro Jahr, dann besuchen Sie unseren Kurs »Tränenarbeit für Anfängerinnen«.

Spannend wird es im Aufbaukurs für Fortgeschrittene. Dort lernen Sie, jeden Mann innerhalb von zwei Minuten zum Weinen zu bringen.

Das macht schön!

Nun zum Thema Altern.

Das hört keiner gern, vor allem die Damen nicht, deshalb handeln wir es kurz ab.

Sehen Sie Ihr Altern einfach positiv! Jede Frau ab dreißig ist nach ihrer biologischen Anlage eine potentielle Mehrfachgroßmutter. Die Spätgebärenden lenken etwas ab von diesem evolutionsgeschichtlichen Tatbestand.

Sind Sie bald dreißig? Dann stehen Sie zu Ihrer inneren Omma! Das ist sehr entlastend.

Endlich können Sie die Erziehungsarbeit am Partner einstellen, mit dem Ödipus sind Sie durch. Widmen Sie sich Ihren wahren beruflichen Zielen, dann verfügen Sie bald selbst über die finanziellen Mittel, die das Leben angenehmer machen. Der Gesetzgeber schützt die Frau nicht vor Nacht- und Schwerarbeit in der Familie, hier müssen Sie selbst aktiv werden.

Das macht schön!

Haben Sie einen geistig anspruchsvollen Partner, könnte es schwieriger werden, sich zurückzuziehen. In diesem Falle rate ich Ihnen: Verzichten Sie auf Diskurs. Halten Sie sich an die einfachen biologischen Wahrheiten und flüstern Sie ihm zärtlich ins Ohr:

»Hallo Schatz, Omma hat dir aus der Stadt eine CD mitgebracht, wollen wir sie gemeinsam hören?«

Sollte er ausfallend werden, versuchen Sie es mit einem anderen Geschenk, beispielsweise mit einem neuen Aufsatz für seine Bohrmaschine. Der technische Bereich verspricht mehr Erfolg als der musische. Die Basteltätigkeit Ihres Partners verschafft Ihnen weiteren Freiraum bei Ihren außerhäuslichen Aktivitäten.

Gehören Sie zu denen, die trotz Hochschulabschluß, Promotion oder gar Habilitation bisher nicht den erwünschten Karriereerfolg hatten, so gibt es keinen Grund zu verzweifeln. Kombinieren Sie die Qualifikationen, über die Sie als Frau schon immer verfügen.

Wir helfen Ihnen dabei.

Besuchen Sie unseren Kurs für Akademikerinnen: »Aktiver Schönheitseinsatz oder Der Weg von der Schönheit zum Reichtum«.

Mit dem Abschluß-Zertifikat erhalten Sie bei unserer Job-Vermittlung die Kontaktadresse des Erotischen Putz- und Bügeldienstes.

Sie werden sich wundern, wie einfach sich auf diesem Wege Kontakte ergeben, die entscheidenden Kontakte zu den Schlüsselpositionen in Politik, Wirtschaft, Medien, im Hochschul- und Kulturbetrieb.

Viel Glück bei Ihrer Karriereplanung!

Und nun zu Ihnen, meine Herren!

Gestatten Sie mir ein paar informative Worte zu einem speziellen Service unseres Schönheitsstudios.

Wir sind ein modernes Dienstleistungsunternehmen unter rein weiblicher Managementführung mit Hauptsitz in der Westfalenmetropole. Diese Stadt gibt auch Männern eine Chance, ein

Standortvorteil in diesen harten Zeiten. Wir haben das frühzeitig in unseren Marktanalysen berücksichtigt und unsere Angebotspalette in Hinblick auf einen männlichen Kundenstamm erweitert.

Wie sieht der männliche Nachfrager aus?

Er sieht so aus wie Sie, meine Herren. Es geht um Ihren Körper, ein hochbrisantes Thema. Wir wissen das.

Ich will ganz offen sein: Vergessen Sie Intelligenz, Status und Prestige.

Damit kommen Sie nicht weit. Darüber verfügen wir selbst – dafür brauchen wir Sie nicht.

Das soll Sie nicht kränken, meine Herren, im Gegenteil. Als aufgeklärte Verbraucher wissen Sie die schnörkellose Direktheit im geschäftlichen Umgang zu schätzen.

Und jetzt Hand aufs Herz, meine Herren: Schauen Sie der Wahrheit ins Gesicht. Schauen Sie in den Spiegel.

Aha. Keinen Taschenspiegel dabei? Das ist typisch. Daran werden Sie arbeiten müssen. Wahrscheinlich haben Sie nicht einmal Ihre Beine rasiert. Haben Sie den Mut zu entdecken, daß die Natur Sie nicht mit Schönheit verwöhnt hat.

Damit sind wir beim Kern der Sache. Ahnen Sie das große Geheimnis der Frau? Ihr tiefes, unstillbares Verlangen nach der Schönheit des Mannes? Die wahre Ursache so vieler Beziehungskatastrophen und weiblicher Potenzstörungen im Alter.

Sie ahnen es! Und der allgemeine Trend zum jüngeren Zweit-Mann hält ungebrochen an. Womöglich haben auch Sie es bitter am eigenen Leib erfahren müssen. Mit hoher statistischer Wahrscheinlichkeit werden auch Sie, meine Herren, demnächst zu Scheidungswaisen, wenn Sie sich weiterhin so vernachlässigen.

Wir sind da, um Ihnen zu helfen.

Der Markt hat mit intelligenten Produkten und Dienstleistungen auf den gesteigerten Bedarf reagiert.

Haben Sie zum Beispiel Probleme mit Haarausfall?

Wir helfen Ihnen bereits im Frühstadium durch Transplantation der einzelnen Schamhaare auf die befallene Kopfpartie.

Technisch möglich ist auch die Verbreiterung Ihres Brustkorbes mittels schmerzarmer Zertrümmerung der Rippen und plastischem Neuaufbau. Nutzen Sie unsere günstigen Finanzierungsmodelle!

Wir helfen Ihnen auch mit operativer Nachbesserung zwecks markanter Profilbildung im sensiblen Bereich und bieten Ihnen zeitgemäßes Erlebnispopping.

Die neuen Nahtmaterialien können während des Vorspiels von Ihrer Partnerin gelutscht und verzehrt werden, sie sind völlig unschädlich.

Meine Herren! Wie Sie wissen, liegt ein zentrales Problem dieser Stadt und unserer Region im Bauchbereich.

Wir haben deshalb ein attraktives Schnupperangebot für Sie vorbereitet.

Testen Sie unsere neue schmerzarme elektronische Saug-und-Verödungs-Überdruck-Sterilisationsapparatur gegen den Bierbauch, großzügig gesponsert von der Bier-Akademie unserer Stadt. Landeszuschüsse vom Wirtschaftsförderungsamt sind ebenfalls zugesagt, denn Ihre Schönheit, meine Herren, liegt in öffentlichem Interesse.

Die medizinischen Risiken halten sich im Toleranzbereich. An der Minimierung der Nebenwirkungen, besonders der tödlich verlaufenden Fettembolie, wird zur Zeit noch gearbeitet.

Profitieren Sie auch von unserer Schönheits-Lebensversicherung. Wir bieten günstige Vorabverträge mit Schminkdienst für Abgelebte zur Steigerung Ihres ganz persönlichen ästhetischen Erinnerungswertes im visuellen Gedächtnis Ihrer Hinterbliebenen. Eine notarielle Vollmacht Ihrerseits garantiert, daß wir als erste am Ort des tragischen Geschehens sind und tätig werden können.

Kurz und schmerzlos: Wir verpassen Ihnen eine Vollwert-Totenmaske in den top-aktuellen Frühjahrsfarben Lila, Rosé und Pink.

Das macht schön!

Meine verehrten Damen und Herren, das wär's für heute.

Ich hoffe, Sie bald wieder bei uns begrüßen zu können!

DIE NACHT DER SCHÖNEN FRAUEN

Ellen Widmaier

Freitag, später Abend. Jetztzeit. Großstadtgewühl. Ein junger Mann findet den Eingang zu einem Eros-Center. Konzernchef ist er mit Sicherheit nicht, auch kein Rucksacktourist. Wie ein Politiker sieht er auch nicht aus, aber man weiß nie, die verstehen sich zu tarnen. Was sucht er? Schöne Frauen. Na, so was. Geräuschlos öffnet sich die Tür.

Ein komischer Kerl im Königsmantel, Typ Rausschmeißer, erwartet ihn an der Rezeption und mustert ihn.

»Hast du reserviert? Name?«

»Parsifal«

»Phall – was?«

»Parsifal. Mit f.«

»Wer hat dir denn den verpaßt?«

»No, meine Mutter. Alleinerziehend. Dramatischer Sopran.«

»Typisch. Die machen heutzutage mit ihren Kindern, was sie wollen. Namen wie Waschmittel ...«

»Opernhelden, bittschön. Und eine Frage: Duzt man sich hier? Wer bist du? Könnte Kostüm von Klingsor sein. Oder er höchstpersönlich?«

»Von mir aus.«

»Dann stehst du aber auch nicht in der christlichen Namenstafel.«

»Komm mir bloß nicht mit dem Verein!«
»No, auch Meßdiener gewesen? Genitaler Verklemmungsschock? Wir haben alle unser Päckchen zu tragen, hat meine Mutter immer gesagt.«
»Zur Sache! Nationalität? Deutscher?«
»Was soll das? Verhör der Schönheitspolizei? Bin Ausländer.«
Der Kerl im Purpurmantel zieht bedrohlich seine struppigen Augenbrauen zusammen.
Parsifal steht stramm und vermeldet: »Europäischer Ausländer. Genauer gesagt, westeuropäischer Ausländer. Franzose, précisément. Wie der Name schon sagt, Parzival, Perceval, Val Parsi, geboren im Tal von Paris, mitten im Wald, n'est ce pas. Grenzüberschreitendes, reiches kulturelles Erbe: Eurocard Gold, Visa Platin, comme vous voulez ...« Er zieht diverse Kreditkarten aus der Brieftasche.
»Hm. Dein Akzent gefällt mir trotzdem nicht.«
King Klingsor öffnet die Flügeltür zum Freudensaal. Pink Leuchtschrift über den Fenstern: MAGIC GARDEN. Geräumige Nischen mit deutschen Couchlandschaften, ein lieblich plätschernder florentinischer Zimmerbrunnen, Dschungelpflanzen aus Weichplastik und – höchste Zierde in diesem internationalen Schönheitsbiotop – eine Schar wundersamer Frauen: ein Blumenmädchen in bestickter Schürze, eine Kette von Maßliebchen und Narzissen um den Hals, eine Schuhverkäuferin oben ohne, eine spanische Balkonschönheit mit schwarzgelacktem Fächer, eine forsche Direktrice in Lederstrapsen, in der ei-

nen Hand einen fahrbaren Kleiderständer, in der anderen eine Peitsche, Hasenohrengirls mit wippenden Schwänzen und Brüsten, eine naßgelockte blonde Piratin, ein Transvestit mit smaragdgrün schillernder Schleppe …

Sie alle steuern auf den Gast zu, girren, gurren, locken.

Parsifal zögert und bleibt stehen. »O, bin überfordert. So viele schöne Frauen!«

»Keine Sorge«, sagt Purpur-Klingsor. »Hand auf die Hose. Der Mensch wächst mit seinen Herausforderungen.«

Er unterstreicht seine ermunternden Worte durch eine Handbewegung.

Parsifal hebt das Kinn. »Okay. Die ganze Nacht mit allen. Einmal quer durch den Schönheitsatlas – üppige Hügel, sanft geschwungene Täler, der Duft der Gärten von Ravello … Pro schöne Nase eine Flasche Champagner. Und alles gegen Vorkasse.«

Mit fröhlichem Schwung wirft er eine Handvoll Kreditkarten in die Luft. »Konfetti«, ruft er. »Fang, Alter! Alles taube Nüsse, so wie du. Pardon, Spaß muß sein.«

Klingsor kriecht auf dem Boden herum, um die Karten einzusammeln. Die Frauen lächeln süffisant. Aus ist es mit dem königlichen Faltenwurf. Eine stolpert und tritt auf den Purpurmantel. Kichern.

Klingsor, keuchend: »Wenn Weiber wiehern, könnt' ich kotzen.«

»No, ein schöner Stabreim, aber eine Beleidi-

gung für die bezaubernden Ohren dieser Damen.«
Parsifal knispelt demonstrativ am Ohrläppchen einer asiatischen Schönheit, lächelt sie an und flüstert ihr etwas zu.

Zum angeschlagenen König gewandt: »Ist das alles, was du zu bieten hast? Keine besondere Attraktion des Hauses?«

»Ab Mitternacht. Macht drei Blaue extra. Eine Rakete, sag' ich dir.« Er taxiert Parsifal. »Falls du Probleme hast – die knackt jeden.«

»Ab! Laß mich mit den Mädels allein!«

Klingsor verläßt den Lustgarten.

Er öffnet das Amulett, das er an einer goldenen Kette um den Hals trägt.

Statt des Bildnisses seiner Mutter blinkt eine Leuchtschrift auf: HASSE DAS SCHÖNE WIE DICH SELBST.

Grimmig stapft er ins Büro, kontaktiert den Commodore und holt sich an den Bilanzen einen runter.

Parsifal ist endlich mit den Frauen allein, aber was tut er? Er holt seine Pfeife aus der Tasche und stopft sie umständlich.

»Seit wann seid ihr hier? Seid ihr freiwillig –«

Eine Schöne mit üppigem rotem Haar unterbricht ihn. »Empirische Sozialstudien kosten extra.«

Parsifal beschwichtigt, senkt die Stimme. »Bin weit gereist, euch zu retten.«

»Helfersyndrom kostet extra.«

Wieder die Rothaarige mit der römischen Nase.

»Sie war mal Assistentin an der Universität Krakau. Psychologie«, erläutert die Blonde mit den wilden Locken.

»Phi-lo-so-phie«, verbessert die Rothaarige. »Spezialgebiet Aufklärung.«

Parsifal legt die rechte Hand aufs linke Herz und beteuert: »Ich kämpfe gegen das Böse. Namen verpflichten.«

»Das hat er aber schön gesagt, wie ein richtiger Held«, sagt ein Mädchen, etwa zwölf Jahre alt, und kommt aus seinem Versteck hinter dem Plastikgummibaum hervor, ein Murmeltier aus Plüsch im Arm. »Ich glaube an ihn.«

Sie sticht dem Murmeltier rhythmisch in das fehlende Auge.

Die Rothaarige schiebt sie energisch weg. »Du bleib, wo du bist. Halt dich da raus!«

Eine Brünette mit schwarz umrahmten Augen drängt sich vor. »Wo kommst du her?«

»Bin Exilrumäne.«

»Hab' ich mir doch gleich gedacht, ein Landsmann.«

Sie pfeffert ihre Minischürze mit den eingestickten Blumenkörbchen in die Ecke. »Den übernehme ich.«

»Nein, wir machen einen Test«, sagt die Philosophin. »Wir spielen ihm das Tonband vor.«

»O ja, wir stellen ihn auf die Probe«, ruft das Kind.

»Bei Nichtbestehen Todesstrafe!« verfügt die Piratin.

»Wer steht Wache?«

Drei der Schönen postieren sich nahe der Flügeltür. Obszöne Sprüche, Kichern, Stöhnen: simulierte Verführung. Die anderen dirigieren Parsifal in die hintere Nische. Aus der Biedermeierkommode, versteckt unter Kostümen und Requisiten, ziehen sie einen Kassettenrecorder hervor.

»Komm, Kleiner. Halt dein reizendes Ohr da dran. Der Alte macht nämlich Kontrollgänge. Lauscht an Türen. Wir sind nicht im Schönheitsmuseum, hier wird harte Arbeit verlangt.«

Parsifal kniet nieder und drückt sein Ohr an das Gerät.

»Knien kann er«, diagnostiziert die Direktrice in Schwarz und fuchtelt mit ihrer Peitsche an seinem Ohr herum, »aber hören kann er nicht, wetten? Helden haben Tinnitus. Zuviel Streß. Sag Junge, hast du manchmal Ohrgeräusche? Helles Bimmeln? Donnernde Lkws?«

»Abgebrochene Schwesternausbildung«, erläutert die Blonde. »HNO-Abteilung. Bis in die Chirurgie hat sie's nicht geschafft.«

Parsifal lauscht ergeben dem Mitschnitt eines Telefongesprächs.

»Die Putzfrau hat es damals aufgenommen«, flüstert die Blonde. »Die hat zu uns gehalten.«

»... Ich hab' noch einen Restposten, ein Dutzend circa. Du kriegst sie günstig. Für zwanzig braune Eier. Alle gut ausgestattet, keine Hühnchenbrust dabei. Gut trainiert am deutschen Hahn. Dazu zwei ostasiatische Küken, Flaumpfoten, sag' ich dir.« – »Für fünfzehn nehm' ich sie.« – »In Ordnung.« – »Lieferung wann?« – »Sofort, wenn du willst.« – »Sagen wir, in einer Woche. Und Übergabe der Papiere im voraus! Komplett.« – »Klaro. Überweis' die Eier auf das Tulpenkonto, Stichwort: Zucht Schöne Mathilde ...«

Die Blonde schaltet den Recorder aus.

»No, so wahr mir Gott helfe«, stöhnt Parsifal, »ein Mädchenhändlerring.«

Er sinkt entkräftet zu Boden.

»Jetzt schläft er ein, der Schlaffi.« Das Blumenmädchen stupst ihn am Po.

»Wo sind die Windeln?« höhnt die Direktrice. »Den müßt ihr pampern.«

Und die Rothaarige: »Holt den Trichter, der braucht Schnaps!«

King Klingsor erscheint.

Die Frauen zeigen auf Parsifal, der nun wie Dornröschen die Augen aufschlägt, aber nicht seine Retterin erblickt.

»Wo bleibt der Höhepunkt des Abends?« Parsifal zieht sich an der Stuhllehne hoch. »Hier schläft man ja ein.«

»Kommt sofort.« Klingsor reibt sich die Hände und verschwindet.

Eine Frau tritt ein, Schönheitsstufe drei aufwärts. Mindestens.

Parsifal, bestürzt: »Mein Gott, bist du schön.«

Pause.

Parsifal findet die Sprache wieder. »Wie heißt du?«

»Rate mal.«

»Ich taufe dich auf den Namen Kundry.«

»Na ja. Meinetwegen.«

Parsifal lächelt sie vertrauensvoll an. »Meine Mama Herzeleide wollte, daß ich Opernregisseur werde.«

»Aha. Eine Diva? Ich bin aber nicht mehr die Jüngste.«

»No, Hauptsache, das Timbre stimmt. Du bist eine antike Schönheit, Divina Kundry, Jahrtausende haben sich in dir versammelt. O Schönste, du machst mich neugierig. Erzähl mir aus deinem Leben.«

Die Frau lächelt.

Parsifal, ganz in ihren Anblick versunken: »Wie du lächelst! Das hab' ich schon mal im Traum gesehen. Komm, wir haben die ganze Nacht für uns.«

Kundry schließt die Augen. »Ich bin müde. Ich will schlafen, nur schlafen.«

»O ja, das Gefühl kenne ich. Auch jung sein ist anstrengend, glaub mir. Aber wenn wir jetzt schlafen, verpassen wir uns. Mach deine schönen Augen wieder auf, deine Samtaugen mit den betörenden Lachfältchen.«

»Ich hab' nichts zu lachen.«

Parsifal streichelt ihre Wangen, küßt ihre Augen. Er will sie auf die Couch ziehen, doch sie bleibt stehen.

»Verführ mich«, sagt er leise.

»Ich hab's satt. Verführ du mich.«

»No. Wie soll ich's machen?«

Kundry wirft einen Blick gen Himmel und zieht ihn an sich. »Mein Gott, bist du ein Kind.«

Parsifal, todernst: »Laß Gott aus dem Spiel, der versteht keinen Spaß. Der ist schuld, daß ich mit Frauen nicht klarkomme.«

»Du hast Gott hier eingeführt. Ich bin längst mit ihm fertig.«

»Kann ich verstehen. Für einen Lacher hundertmal lebenslänglich ...«

»Wieso?« Die Frau lacht. Das ist ihr schon lange nicht mehr passiert.

»Lies den Opernführer.« Parsifal spielt mit ihrem Haar. »Und wir schreiben ein neues Libretto, wir zwei.«

Sie legt sanft seine Hände auf ihre Hüften. Er schließt die Augen und ertastet ihre Konturen, beginnt sie zu streicheln. Stummes aufsteigendes und absteigendes Begehren.

»Deine Schultern sind schön. Dein Nacken ist schön. Deine Brüste sind schön. Dein Bauch –«

»Weißt du kein anderes Wort? Ein bißchen Abwechslung ... wo bleibt die Poesie?«

»No, keine Zeit, Lyrik zu lesen. Bin ein unruhiger Wanderer, ein armer, tumber Tor – dafür absolut monogam.«

Kundry lacht. Schon wieder. Na, so was.

Parsifal, entzückt von diesem neugeborenen Lachen, will sie küssen – mitten auf den Mund, hinein in die Beißerchen ...

»Nein, nicht jetzt. Ich hab' eine bessere Idee. Du gefällst mir. Willst du mir helfen, den Alten zu erledigen?«

»Okay. Wie soll ich's machen?«

»Deine Firma macht bestimmt in Waffengeschäften, hast du nicht zufällig so'n Ding dabei?«

»Was für'n Ding? Welche Firma? Damit hab' ich nichts zu schaffen. Bin ein friedfertiger Mensch.«

Kundry schaut ihn versonnen an. »Ja, du gefällst mir …«

Und plötzlich wird sie lebhaft: »Ich hab's! Du mußt mich zum Lachen bringen. Mit dir könnte es klappen.«

Parsifal schaut sie an, als ob er in der falschen Oper wäre.

Kundry nimmt seine Hand und küßt sie. »Lachen verträgt der Alte nicht. Schwerer Fall von asthmatischer Lachallergie. Lebensbedrohlich.«

Parsifal staunt: »Was es nicht alles gibt im Westen.«

»Ja, und bei anhaltender Belastung Krampfanfälle, Luftnot, Herzstillstand. Wenn meine Pollen erst mal kullern, ist er erledigt. Sein Finale ist unsere Ouvertüre, du verstehst doch was von Opern!«

Und plötzlich, unvermittelt: »Liebst du mich?«

Parsifal, verträumt: »Ja, ich liebe dich.«

Er ist so überrascht von diesem Satz, daß er ihn wiederholt.

»Wunderbar. Dann kannst du mich zum Lachen bringen. Laß dir was einfallen.«

Parsifal steht sinnend da, dann packt er Kundry und fängt an, sie durchzukitzeln.

Kundry gurrt, kichert, der müde Ausdruck um ihre Schläfen verfliegt. Das Kichern geht in leises rhythmisches Lachen über.

»Du lachst so schön – pardon – so süß, so hübsch, so frech –«

»Keine literarischen Übungen jetzt. Weiterkitzeln!« Kundry kommt in Fahrt.

Sie treiben das Spiel weiter, zwicken, beißen, balgen sich.

Kundry, atemlos: »Stop! Ich gebe dir ein Zeichen. Wir warten, bis der Alte lauscht. Wenn ich richtig loslege, ist es ansteckend. Neun geiernde Weiber, ein Irrenhaus – das überlebt der Alte nicht.« Ihre Augen funkeln wie der Gral.

Parsifal will den Gral besitzen und schwört: »Ich werde tapfer sein.«

Er greift zum Schampus, will weitersaufen. Kundry nimmt ihm die Flasche weg.

»Nein, Schatz, du mußt trocken bleiben. Heute nacht wirst du erwachsen und ich komme frei.« Sie nimmt einen kräftigen Schluck.

Parsifal quengelt: »Aber ich will dich wirklich.«

»Ich will dich auch, und wie ... morgen, wenn wir hier raus sind.« Sie küßt ihn lang und wild.

Parsifal murmelt in ihr Haar: »Du duftest so schön – pardon – du duftest nach siebtem Himmel mit Milchstraßenhonig und Sternenkarussell. Ich will fliegen, ich will, ich will ... Ich will Liebe, Lust, ich will den ultimativen Superorgasmus, und das mit dir, kapiert?«

Zeitgleich hinter einem Perlenvorhang, wo die anderen Frauen die Szene beobachten, die rothaarige Philosophin im Flüsterton der Verschwörung: »Unsere Glückseligkeit hängt von dem Genusse ab und der Genuß von der schnellen Empfindung, mit der jede Schönheit unsere Sinne überrascht. Unglücklich sind –«

Das Blumenmädchen unterbricht sie. »Wo hast du denn den Schwulst aufgeschnappt?«

Die Philosophin legt ihr die Hand auf den Mund und fährt ungerührt fort: »Unglücklich sind diejenigen, welche die Vernunft wider den Anfall einer solchen Überraschung abgehärtet hat – Moses Mendelssohn.«

»Nochmal«, sagt die Piratin. »Weil's so schön war.«

Jetzt reißt Kundry sich von Parsifal los und holt die Frauen.

Eine spioniert und meldet, daß der Alte sich anschleicht.

Kundry flüstert in Parsifals Armen: »Leg los. Durchkitzeln!«

Die Direktrice reißt die Flügeltür auf, knallt mit der Peitsche.

Kundry beginnt göttlich zu lachen. Alle stimmen ein. Ein Lachen, entsetzlich tödlich fürchterlich. Klingsor stöhnt, greift sich ans Herz. Will eine Knarre ziehen, vergeblich.

Es kommt wie geplant. Klingsor sinkt entseelt zu Boden.

Parsifal, mit größter Ergriffenheit: »Eine wegweisende Todesart.«

Freudengetümmel. Freudengeschrei. Dann der Triumphzug ins Büro. Die Frauen knacken den Safe, finden ihre Pässe samt Bündeln von Banknoten – in verschiedenen Währungen, das spart

Zeit. Die asiatische Schöne zerreißt Klingsors Terminkalender. Die Direktrice schreibt ein paar gute Ratschläge an das Liebespaar, das alle gerettet hat. Die Piratin läßt den Computer abstürzen.

Zurück zur Leiche. Die leidenschaftlich verschleierte spanische Schönheit schaudert. Sie reißt dem King das Amulett vom Hals und stopft ihm damit das Maul: »Da, friß und stirb noch einmal!«

Die Brünette mit den schwarzen Augen holt das Kind aus seinem Versteck.

Das Mädchen drückt das Murmeltier an sich, blickt starr geradeaus. Dort liegt der Leichnam. Das Mädchen kommt näher, noch näher, läßt das Stofftier auf den Leichnam fallen.

»Gut, laß alles hier«, sagt die Rothaarige. Sie nimmt das Kind an die Hand. »Komm, wir gehen jetzt.«

Sie winken Kundry und Parsifal zum Abschied zu. Adieu.

Ab in die Zukunft.

Kundry und Parsifal fallen in Liebesrausch – neben der Leiche.

»Ich bin nicht mehr so jung«, flüstert sie ihm ins Ohr und knabbert es an. »Ein Kind von dir wär' schön, o ja, ich will ein Kind von dir.«

Parsifal, entrückt: »No, den nennen wir dann – Lohengrin.«

»Ach Schatz, ich glaub', es wird ein Mädchen. Ja, ich spüre es, jetzt, jetzt ...«

Parsifal, erschöpft: »Lohengrin ein Mädchen? O Gott, was wird die Wagner-Sippe sagen? Die sind ja jetzt schon heillos zerstritten ...«

»Laß Gott aus dem Spiel, du weißt doch, der versteht keinen Spaß.«

»No, recht hast du, meine Schönste.«

Und sie entschlummern süß in den ersten gemeinsamen Schlaf.

DIE AUTORINNENGRUPPE
»FRAUEN SCHREIBEN«

Ist es nicht bedenklich, sich in einer Gruppe zusammenzurotten? Heutzutage, wo feministisches Engagement verdächtig nach Sektierertum und Humorlosigkeit stinkt? Aber ... wir stehen zu unseren Wurzeln! Seit 18 Jahren, ja Sie lesen richtig, seit achtzehn Jahren gibt es uns, die Dortmunder Gruppe »**Frauen Schreiben**«. Und wir sind stolz darauf!

Die Gruppe entstand zu einer Zeit, als Frauen noch gemeinsam auf die Straße gingen, um für ihre Rechte zu kämpfen. Aus schreibenden Frauen, die sich mit wackeligem Selbstbewußtsein einmal in der Woche im Frauenzentrum trafen, ist mit den Jahren ein Verbund von Autorinnen geworden, die sich einmischen und zu kontroversen Themen das Wort ergreifen. Heute haben alle in unserem Club der Dichterinnen den Anspruch, professionell Literatur zu machen.

Wir schauen zurück auf achtzehn Jahre kreativen Streß und Zoff, auf zwei gemeinsam verlegte Bücher (»Mitten ins Gesicht« und »Venus wildert«), auf Lesereisen von Husum bis Zürich, auf drei literarische Revuen (1. Dortmunder Schweinenacht, Gewalt im Vater-Land, Die Nacht der schönen Frauen – Widerstand statt Oil of Olaz).

Wir scheuen uns nicht, auch heute noch das Zusammenrotten von Künstlerinnen zu empfehlen, und wir melden uns weiterhin gemeinsam zu Wort, weil es Spaß macht, sich einzumischen und Position zu beziehen.

BIOGRAFIEN

Marianne Brentzel

wuchs in Bielefeld auf, studierte in Berlin Politische Wissenschaften und Pädagogik, nahm aktiv an der Studentenbewegung teil und arbeitete mehrere Jahre als Arbeiterin in Berliner Großbetrieben. Seit 1973 lebt sie mit ihrer Familie in Dortmund. Nach verschiedenen Jobs als Dozentin in der Erwachsenenbildung und im Verlagsbereich ist sie nun freiberufliche Schriftstellerin.

Veröffentlichungen:
Rudi. Geschichten aus dem Jahre Null, Jugendroman, Tapir Verlag, Dortmund 1986
Da kukse wa. Dortmunder Graffiti, Tapir Verlag, Dortmund 1987
Traummosaiken. Lyrische Texte zu Farbradierungen von Elfriede Otto, Lamers Verlag, Dortmund 1991
Nesthäkchen kommt ins KZ. Eine Annäherung an Else Ury, edition ebersbach im eFeF Verlag, Zürich-Dortmund 1992. Seit 1996 im Fischer Taschenbuch Verlag.
Mehrere Beiträge zu Else Ury in Sammelbänden. Im Herbst 1997 erscheint im Ch. Links Verlag ihre Biografie über Hilde Benjamin.

Sabine Brunner

In Dortmund geboren, Deutsch- und Englischstudium, einjähriger Aufenthalt in Swansea/Südwales als Assistant Teacher. Dort Mitglied einer Gruppe von experimentellen Dichtern, Lesungen in Pubs. Heute Realschullehrerin in Gelsenkirchen.

Veröffentlichungen:
Rühmkorfs Engagement für die Kunst. Germanistik in der »Blauen Eule«, Essen 1988
Mehrere selbst verlegte Titel (u.a. visuelle Gedichte), einzelne Texte in Zeitschriften und Magazinen.

Sabine Deitmer

In Jena/Thüringen geboren, aufgewachsen in Düsseldorf, Studium der Anglistik, Romanistik und Literaturwissenschaft, Magisterarbeit zur Rezeption von Kriminalromanen. Lehr- und Wanderjahre in Bonn, Brighton, Bristol, Berlin und am Bodensee, Wurzeln geschlagen in Dortmund. Trotz vier Beamtenurkunden aus drei Bundesländern dem Schuldienst entkommen. Zehn Jahre hauptberufllich in der Erwachsenenbildung. Seit 1990 freischwebend schaffend.
Von frühster Jugend an Schwäche für Mord und Totschlag, im reifen Alter von vierzig Einbruch ins kriminelle Gewerbe mit Mordgeschichten, in denen männliche Auslaufmodelle ins Jenseits befördert werden.

Veröffentlichungen:
Bye-Bye Bruno – Wie Frauen morden, 1988
Auch brave Mädchen tun's – Mordgeschichten, 1990
Kalte Küsse, Kriminalroman, 1993
Dominante Damen, Kriminalroman, 1994
Neon Nächte, Kriminalroman, 1995
(alle Fischer Taschenbuch Verlag, Frankfurt/M.)
Erzählungen und Romane übersetzt ins Dänische, Italienische, Holländische, Französische, Tschechische und Türkische. Verfilmungen, zuletzt »Kalte Küsse« (Regie: Carl Schenkel)
Hörspielfassung »Kalte Küsse«, BR 1996
Zahlreiche Veröffentlichungen zum Genre, u.a. »Die Lust an der Leiche, Bekenntnisse einer Triebtäterin« in: Köln-Düsseldorfer Poetiklesungen, tende Verlag 1995

Deutscher Krimipreis 1995 für »Dominante Damen«
Nominierung für den Krimipreis der AutorInnen (Glauser) 1995

Gudrun Güth

In Hagen/Westfalen geboren, Studium der Anglistik und Romanistik in Bochum und Bristol, Dissertation über den britischen Arbeiterroman. Lehrerin an einem Gymnasium, an der Deutschen Schule Brüssel, jetzt an einer Gesamtschule. Lebt mit Mann, Sohn und Hund zur Zeit in Waltrop.

Veröffentlichungen:
Sternenkreis und Buttertrüffel, Kinderbuch, Grenz-Echo Verlag, Eupen/Belgien 1991
Lyrik und Prosa im Hörfunk, in Zeitschriften und Anthologien, u.a. »Der Kanalhüter« in: Viel Zeit ist nicht mehr. Eine Auswahl zum Literaturpreis Umwelt, Bielefeld 1987
Wissenschaftliche Veröffentlichungen (u.a. über Doris Lessing)

Preis der Ruhr-Universität Bochum für herausragende wissenschaftliche Arbeit, 1978
1. Preis beim Lyrikwettbewerb der Zeitschrift »Ortzeit Ruhr« des KVR 1984
1. Preis beim NRW-Autorentreffen in Düsseldorf (Prosa) 1987
Literatur-Förderpreis Ruhrgebiet 1996

Roswitha Iasevoli

In Schweidnitz/Schlesien geboren, aufgewachsen in Niederbayern, seit 1961 begeisterte Dortmunderin. Eine Handwerkslehre gemacht, bei einer Kulturzeitschrift getextet, Frauenstudien an der Uni Dortmund betrieben, als Pressereferentin dem Dortmunder FrauenFilmFestival »femme totale« zu erstem Glanz verholfen ...

Veröffentlichungen:
»Zwitterwetter«, Gedichte, Sassafras Verlag, Krefeld 1987

»Das Christkind war ein Mädchen«, kleines Fernsehspiel, WDR 3, 1988
»Meine Sommer in Italien«, Erzählungen, Verlag Kleine Schritte, Trier 1989
Deutsches Textbuch (aus dem Niederländischen) zu dem Zirkus-Musical »Barnum«, Dortmund 1992
Mitherausgeberin von »Mitten ins Gesicht. Weiblicher Umgang mit Wut und Haß«, Dortmund 1984 und
»Venus wildert. Wenn Frauen lieben ...«, Dortmund 1985
Zahlreiche Kurzgeschichten und Gedichte in Anthologien, Kalendern, Zeitschriften, Zeitungen, Funk und Fernsehen.

Gisela Schalk

In Kattowitz geboren, aufgewachsen in Ostfriesland, zunächst Werbetexterin, später freiberufliche Schriftstellerin. Lebt mit Mann und zwei erwachsenen Kindern in Dortmund. Liebt Gartenarbeit, Joggen und Radfahren (am liebsten bergauf). Lacht und labert gern. Seit vielen Jahren leitet sie Kurse und gibt Workshops in »Kreativem Schreiben«. Gründungsmutter der Dortmunder Autorinnengruppe »Frauen Schreiben« im Jahre 1978.

Veröffentlichungen:
Schreiben befreit (zusammen mit Bettina Rolfes), Verlag Kleine Schritte, Trier 1986

Oma Zuckersack, Kurzgeschichten, Quell Verlag, Stuttgart 1989
Frauen in den besten Jahren, Kurzgeschichten, Fischer Taschenbuch Verlag, Frankfurt/M. 1994
Der dritte Zwilling, Roman für Kinder, tabu-Verlag, München 1996
Sehr viele Kurzgeschichten, Erzählungen und Gedichte im Hörfunk, in Anthologien und Zeitschriften.

Verschiedene literarische Auszeichnungen.

Aiga Seywald

In Darmstadt geboren, Studium der Soziologie und Geschichtswissenschaft, Promotion, arbeitete u.a. als Hochschulassistentin, in einem Verlag, in der sozialpädagogischen Beratung von Arbeitslosen und als Begleitforscherin in der Jugendgerichtshilfe.

Veröffentlichungen:
Mehrere Bücher zur gesellschaftlichen Ausgrenzung Behinderter.
Die Presse der sozialen Bewegungen 1918 – 1933, Essen 1994

Sabine Wedemeyer

In Hamburg geboren. Studium an der Staatlichen Hochschule für bildende Künste in Hamburg. Lebt seit 1977 in Dortmund. Pendlerin zwischen Malerei und Literatur, Grenzgängerin zwischen Realität und Phantasie.
Illustrationen für Verlage und Zeitschriften.
Mehrere Ausstellungen.
Literarische Veröffentlichungen in Zeitschriften, Anthologien und im Hörfunk.

Literatur-Förderpreis Ruhrgebiet 1989

Ellen Widmaier

wurde im Saarland geboren (fünfzig Meter weiter, und sie wäre Ausländerin geworden). Studium der Germanistik, Philosophie und Sozialwissenschaften. Happenings in München, experimenteller politischer Film in Berlin, Fabrikarbeit im Ruhrgebiet, journalistische Tätigkeit in Brasilien und Cuba, dann seßhaft in Dortmund, Lehrtätigkeit in der Berufs- und Erwachsenenbildung. Seit 1993 »freie« Schriftstellerin.

Veröffentlichungen:
Eis im Schuh, Roman, eFeF Verlag/edition ebersbach, Zürich-Dortmund 1992
Im Schatten Wind – Shadowy Wind, Gedichte,

deutsch/engl., edition ebersbach & Edition Art Studio, Westport, Dortmund, Bern 1995
Zahlreiche Erzählungen, Gedichte, Texte zu Bildern, Skulpturen und Installationen zeitgenössischer KünstlerInnen, Film und Essay in Anthologien, Zeitschriften, Funk und Fernsehen.

Autorenstipendium des Landes NRW 1994

Andrea Weiss
Paris war eine Frau
Die Frauen von der Left Bank
Djuna Barnes, Janet Flanner, Gertrude Stein & Co.

240 Seiten, 70 Abbildungen, Broschur, Fadenheftung
ISBN 3-931782-00-X

Colette, Djuna Barnes, Gertrude Stein, Natalie Clifford Barney – wer kennt sie nicht! Jede einzelne von ihnen ein Genie – und welch atemberaubendes Potential an kreativer Energie, als die berühmtesten Künstlerinnen der Moderne im ersten Viertel des Jahrhunderts in Paris zusammentrafen. Andrea Weiss läßt die Stimmung und das Lebensgefühl der künstlerischen Gemeinschaft dieser Frauen in ihrem Buch (und gleichnamigen Film) lebendig werden.

»Wer gerne Liebesgeschichten liest, besonders solche von Amazonen und Tribaden, jedoch auch solche über Glück und Unglück in der Welt der ›Haute Culture‹, dem wird ›Paris war eine Frau‹ willkommene Lektüre sein.
    Bayerisches Fernsehen, Lesezeichen Kultur

»Einiges, was Weiss erzählt, war verstreut schon anderswo zu lesen. Aber nirgendwo ist es so lebendig und zusammenhängend dargestellt wie in diesem schön illustrierten und gedruckten Buch.«
    Der Spiegel

»›Paris war eine Frau‹ ist nicht nur ein wertvolles Zeitdokument, sondern auch eine Schatulle von amüsanten, umwerfenden Anekdoten, aber auch tragischen Geschichten – eine fesselnde und lohnende Lektüre.«
    Annabelle

Clare Nonhebel
Tea for One
Roman

Aus dem Englischen von Helga Bilitewski
300 Seiten, Broschur
ISBN 3-931782-07-7

»Bevor Sie mit mir ausgehen, sollten Sie drei Dinge wissen.« – So beginnt Cathy, PR-Assistentin bei einer Kosmetikfirma, ihre Geschichte. Und mögliche Verehrer sollten ihre Warnung beherzigen. Cathy muß alle zwei Stunden essen, was in gewissen Situationen sehr störend sein kann, sie ist mit 25 Jahren bereits Witwe und vorübergehend, aber eindeutig frigide …

»Obwohl es sich um die Geschichte einer Trauerarbeit handelt, ist Clare Nonhebels Roman eher herzerfrischend witzig als sentimental.«
The Times

»Ein ehrliches Buch, das mehr ist als nur ein guter Unterhaltungsroman … Erzählt mit viel Charme und viel menschlicher Wärme.«
Cosmopolitan